Sie wollen ein Buch schreiben?

Literarische Technik
für
Einsteiger

„Genie ist ein Prozent Inspiration
und neunundneunzig Prozent Transpiration."

Thomas Alva Edison, 1932

Luise Link

Sie wollen ein Buch schreiben?

Literarische Technik
für
Einsteiger

Bibliografische Information der Deutschen Nationalbibliothek:
Die Deutsche Nationalbibliothek verzeichnet diese Publikation in der Deutschen Nationalbibliografie; detaillierte bibliografische Daten sind im Internet über http://dnb.dnb.de abrufbar.

TWENTYSIX – Der Self-Publishing-Verlag
Eine Kooperation zwischen der Verlagsgruppe Random House und BoD – Books on Demand

Herstellung und Verlag:
BoD – Books on Demand, Norderstedt
ISBN: 978-3-740744366

Inhalt

Vorwort

Sie wollten schon immer selbst ein Buch schreiben?

Kann man das lernen?

Grundschulkinder setzen Buchstaben zusammen, prägen sich Wortbilder ein, erkennen in Lesetexten Gelerntes wieder, üben. Es kommt der Moment vom quantitativen in den qualitativen Umschlag: Die vielen Sprachbegegnungen unterschiedlichster Natur statten den Lernenden mit der Fähigkeit des Schreiben-Könnens aus.

Teile kennenlernen und zusammensetzen, Beispiele lesen und imitierend an ihnen wachsen – funktioniert das auch fürs **kreative Schreiben**?

Ja – und nein.

Die Anforderungen sind erheblich höher. Sprachbeherrschung – eine funktionierende Grammatik mit Sicherheit im Formalen, ein breiter Wortschatz – ist

Voraussetzung, selbstverständlich. Aber fürs kreative Schreiben keineswegs hinreichend.

Fantasie, Fleiß, Gespür für Sprache, Emotionalität, logisches Denken – die Reihe der Qualifikationen ließe sich fortsetzen. Aber soll man aufgeben, weil die Messlatte offensichtlich hoch ist?

Wer überzeugt ist, etwas Wichtiges sagen zu können, zu erzählen zu haben oder zu wollen, wer einfallsreich und fantasievoll durch die Welt geht – der sollte den Versuch wagen: Das Wichtigste, die Inspiration, ist vorhanden.

Bereits im alten Rom war man der Auffassung, dass das **Handwerk des Schreibens**[1] für den „poeta doctus", den gelehrten Dichter, erlernbar (gewesen) sei. Dass Sie nun mit Hilfe dieses Buches ein Dichter, dazu noch ein gelehrter, werden können, darf bezweifelt werden. Aber den **Einstieg in das „edelste Handwerk"**, den kann es erleichtern.

Die **Elemente des Erzählens** werden Ihnen auf einer Spirale begegnen. Ein Element taucht auf, verschwindet, dann wird es auf einer der nächsten Biegungen in einer anderen Facette aufgenommen. Zur Verdeutlichung dienen **Literaturbeispiele**. Gelegenheit zum Anwenden und Ausprobieren bieten die zahlreichen **Übungen**.

Der **Umfang** des Buches ist knapp, der **Inhalt kompakt**, so dass immer mal wieder nach vorn und hinten Blättern ausdrücklich erwünscht und des Öfteren nötig ist. Die einzelnen Kapitel können auch unabhängig voneinander gelesen werden.

---

[1] heute **literarische Technik**

Am Ende des Buches finden sich für den, der etwas tiefer einsteigen oder sich mit der Marketing-Seite des Buchschreibens befassen will, einige **Literaturempfehlungen**. Ein **Glossar** fasst die **wichtigsten Begriffe** zusammen.

Den Traum vom eigenen Buch zu verwirklichen, das ist technisch so leicht und finanziell so kostengünstig wie nie. Dass man nach Veröffentlichung seines Erstlings aber nicht in den Erstlings-Blues verfällt, sondern sich auch später noch gern an Inhalt und Schreibstil erinnert – dazu will dieses Buch einen Beitrag leisten. Und zwar hoffentlich so, dass Ihnen der Spaß an der Sache niemals verlorengeht …

1 Warum schreiben?

Die wichtigsten Motive fürs Schreiben werden Sie wohl erst erkennen, **wenn Sie geschrieben haben**.

Sie werden sich beispielsweise **nie mehr langweilen**. Neue Welten, in denen die Gerechtigkeit siegt, interessante Persönlichkeiten, wichtige Botschaften gegen den Unsinn und die Oberflächlichkeit der Welt werden Sie täglich begleiten. Das **Abenteuer im Kopf**! Und das schönste: Sie sind der **Schöpfer dieser vorgestellten Welt**, in der alles am richtigen Platz sitzt!

Und dann noch die Höhenflüge! Ihr Buch wird ein Bestseller, man lädt Sie zu Literaturrunden und Talkshows ein, Ihr Buch hat Ihnen den Marschallsstab in den Tornister gelegt. Vergessen sollten Sie aber möglichst nicht, dass auf der Rückseite vom Marschallsstab der Bettelstab hängt. Bestellen Sie am Anfang nicht zu viele Bücher! Bücherstapel, auf denen Sie sitzen bleiben, die über die Jahre in Ihrem Wohnzimmer oder im Keller vor sich hingammeln und sie boshaft angrinsen, sind eine äußert trübe Angelegenheit. Verschwiegen werden soll auch nicht, dass Sie mit Ihrer neuen Beschäftigung den einen oder anderen Zeitgenossen verärgern werden. Sie haben mit Veröffentlichung Ihres Buches nämlich Ihre Selbsteinschätzung bloßgelegt: Ich habe etwas zu sagen! Sie beanspruchen also Aufmerksamkeit und die fehlt dann den anderen...

„**Darüber** müsste man ein Buch **schreiben?**"
Das haben Sie oft gedacht?

Sie haben möglicherweise ein interessantes oder aufregendes Leben gehabt, sind vielleicht vielen wichtigen Persönlichkeiten begegnet. Sie haben Einsichten gewonnen, die Sie Ihren Mitmenschen und Zeitgenossen mitteilen wollen, weil Sie Ihnen bedeutsam erscheinen. Dann werden Sie eine Autobiographie, Ihre Lebenserinnerungen, schreiben wollen. Oder vielleicht doch einen (Schlüssel)Roman[2], in dem Sie Personen und Einsichten etwas verschleiern? Eher ein Genre wählen, in dem Sie sich ein bisschen verstecken können, weil Sie vielleicht nach Veröffentlichung doch vieles lieber nicht gesagt hätten?

Vielleicht spuken aber auch seit Langem schon Figuren, Mitmenschen, Zeitgenossen, die Sie kennengelernt haben, in Ihrem Kopf herum? Die wollen Sie zu

---

[2] „Echte" Schlüsselromane beziehen sich auf Prominente – Schriftsteller, Maler, Philosophen, Politiker, zeitgeschichtliche oder historische Persönlichkeiten ...

gern auf Papier bringen? Denen möchten Sie unbedingt zu Leben und Aufmerksamkeit verhelfen? Dann wären Kurzgeschichten oder Erzählungen das Richtige für Sie. Wenn Sie sich allerdings bereits für einen Könner halten, wenn Sie sich zutrauen, die Fäden eines großen Geschehens schon im logischen Zugriff halten zu können – dann ist es den Versuch eines Romans wert...

Will man sich mit dem Schreiben eines Buches einfach nur **von Problemen entlasten, seine Gedanken ordnen und im Niederschreiben begreifen** – ist man mit diesem Motiv in recht zahlreicher Gesellschaft. Sogar in prominenter. Rousseau beispielsweise meinte, dass große Literatur nur in der Tiefe des gequälten Herzens entstehen könne. Aber auf Dauer reicht es sicher nicht, dass man durch Bücher seine eigenen Probleme den Lesern aufbürden möchte. Fast jedem Autor dämmert diese Erkenntnis schnell. Es entsteht die Stufenleiter. **Problembewältigung – Interesse, andere Themen als das eigene Schicksal sprachlich zu gestalten – Hobby – Passion – Schreibseligkeit ...**

Ziemlich unsinnig wäre es, wenn Sie sich vorgenommen hätten, **mit Literatur viel Geld zu verdienen.** Der Buchmarkt, auf den Sie Ihr Betätigungsfeld verlegen wollen, ist nämlich schwierig. Immer weniger Menschen lesen, immer mehr Menschen schreiben. Da gibt's dann auf dem Marktplatz ein ziemliches Geschiebe und Gedränge, die Preise fallen, manche Autoren greifen zu kostenlosen Giveaways für mögliche Leser, denn die müssen mit dem Lasso eingefangen werden. Nicht wenige Autoren werden zum billigen

Jakob. Schauen Sie mal unter dem Stichwort „Kostenlose Literatur" im Netz!

Das Glas ist jedoch halbleer oder halbvoll, je nachdem, wie man's sieht. Natürlich kann nicht jeder, der der Passion des Schreibens verfällt, ein Bestsellerautor oder gar begnadeter Dichter werden. Aber jedermann und jedefrau können heute mit wenig finanziellem Aufwand ihre Gedanken, Botschaften, Anliegen, Wünsche oder einfach ihre **Kreativitätslust zwischen zwei Buchdeckeln** finden. So kann man sich selbst **eines der schönsten Geschenke der Welt** machen: **ein eigenes Buch**, an dem man sich lebenslang erfreuen kann[3].

Spaß an kreativer Betätigung mit Sprache, Selbstverwirklichung durch sprachliches Gestalten, ein festes Ziel für Ihre überbordende Fantasie – das sind nützlich Motive für die vor Ihnen liegende Aufgabe.

Und wer weiß – vielleicht werden Sie ja berühmt!

2 Schreiben – aber für wen?

„Jeder fängt mal klein an."

---

[3] Wenn die Aufgabe misslingt, könnte man sich auch lebenslang schämen und grämen. Deshalb gibt es ja diesen Ratgeber …

Ist die Zielgruppe überschaubar, will ich Oma oder Opa mit meinem eigenen Buch überraschen, vielleicht auch nur im Freundes- und Bekanntenkreis mit einem eigenen Roman reüssieren – dann kommt keine große Unsicherheit auf. Ich kenne Oma und Opa, meine Freunde und Bekannten auch, ich weiß, was ihnen gefällt und was sie erwarten. Ich werde versuchen, mein Schreiben, meine Thematik, meinen Stil – zumindest etwas – danach auszurichten. Im engsten Kreis mag mein Buch gefallen, man macht mir Komplimente, ich fühle mich gut und das Buch-Schreiben hat sich gelohnt. Wirklich?

Hat man erst einmal angefangen, ein Buch zu schreiben und am Ende zu veröffentlichen – und das ist heute eben weder teuer noch auf den ersten Blick schwierig – stellt sich leider schnell der Wunsch nach breiterem Erfolg ein. Bei den neuen Self-Publishing-Verlagen ist das neue Buch überall lieferbar, sogar in einigen Ländern der EU und in Übersee. Plötzlich gibt es eine nationale und internationale Zielgruppe! Eine nationale oder gar internationale Leserschaft – die hat man allerdings damit keineswegs. Der Buchmarkt ist überschwemmt, viel Angebot, wenig Nachfrage. Selbst Autoren tragen dazu bei – sie wollen schreiben, aber nur die wenigsten lesen noch viel.

Bei allen Schwierigkeiten: Jeder Autor kommt nicht umhin, sich Rechenschaft abzulegen, für welche Leser er schreiben möchte. Denn: **Allen Lesern** recht getan, ist eine Kunst, die niemand kann!

- **Am ehesten kann man für die Zielgruppe schreiben, zu der man selbst gehört.** Jung für Jung, Alt für Alt, (oft auch) Frau für Frau.

Der Historiker schreibt historische Romane
für den historisch gebildeten Leser usw.

- **Lesevorlieben kreieren meist auch Schreib-
  vorlieben.** Wer lustig-leichte Unterhaltung
  liebt, wird kaum einen philosophischen Roman verfassen wollen oder können usw. Der
  begeisterte Krimileser wird am ehesten zum
  Krimischreiber.

- **Stilvorlieben werden beim Schreiben unbewusst und bewusst nachgeahmt.** Bevor man
  zu schreiben beginnt, kann man sich die eigenen Lieblingsbücher des Genres, das man
  schreiben will, noch einmal durchlesen. Es
  bleibt immer etwas hängen. Und vielleicht
  entsteht ja sogar über die Nachahmung hinaus schon etwas originär Neues.

3 Schreiben – aber was?

Die Entscheidung für oder gegen einen Stoff und die
Wahl des Genres ist für den zukünftigen Buchautor
häufig eine spontane Bauchentscheidung. Hinaus soll,
was dem Schreiber auf der Seele brennt, was er seinen Mitmenschen mitteilen oder endlich einmal ins
Stammbuch schreiben möchte. Erste Bücher sind oft
Selbsterfahrungstrips; sie erzählen ehrlich, was der
Schreiber oder die Jung-Autorin erlebt haben. Erzählende Elemente, Szenen voller Lebendigkeit, berüh-
rende Momente – all das kann solch ein Erstling enthalten. Ist das Thema für viele Menschen bedeutsam
oder interessant, gelingen solchen Debütanten

durchaus auch Bestseller. Wer hat nicht „Wir Kinder vom Bahnhof Zoo" gelesen?

Fiction oder Faction?
Ein kleines bisschen Theorie
Texte, die einerseits Sachbuch sind und Fakten berichten, andererseits aber auch eine darauf basierende Story erzählen, werden (manchmal) **Faction** (ein Kunstwort aus *facts* und *fiction*) genannt. Erfolgreiche Beispiele sind die vielen in jüngster Zeit veröffentlichten True Crime Stories. In Amerika haben sich Erzählwettbewerbe durchgesetzt, in denen – vorwiegend junge – „Erzähler" – von ihren packenden oder tragischen Erlebnissen berichten. Dabei steht das schreckliche, komische, aufregende Schicksal des Wettbewerbsteilnehmers im Fokus.

In diesem Buch liegt der Schwerpunkt jedoch auf fiktionalem Schreiben. Nicht das Sensationelle, das der Berichtende **erlebt** hat, steht im Mittelpunkt, sondern seine **erfundene Welt**, die er spannend, berührend oder kunstvoll in Szene setzt.

Für praktische Zwecke sind die folgenden Abgrenzungen ausreichend:

1. *Fiction* bezeichnet die Schaffung einer eigenen Welt durch Literatur, Ergebnis von Vorstellungskraft, Fantasie und Recherche.
2. Sie kann durchaus (auch) auf Fakten oder Geschichte fußen, muss es aber nicht.
3. *Fiction* ist eine Gestaltungs- und Formaufgabe.

Welches Genre?

Wer sich entschlossen hat, ein erstes Buch zu schreiben – der wird in den meisten Fällen an

1. ein Selbsterfahrungsbuch
2. Geschichten oder Erzählungen
3. einen Roman

denken.

Für Projekt 1 wird man in diesem Buch nur wenige Hinweise finden, es sei denn, man möchte über den Erfahrungsbericht hinaus auch eine Story erzählen. Für den angehenden Prosa-Erzähler (s.u.) finden sich im Folgenden viele Beispiele, Übungen und Tipps.

Kurzgeschichte?
Kurze Geschichten?
Erzählungen?
Roman?
Autobiographie?
True Stories ... ?

Für jene, die zum ersten Mal einen Erzähltext schreiben, sind kurze Geschichten, Kurzgeschichten[4] oder längere Erzählungen besser zu bewältigen als gleich ein Roman. Der kurze Prosatext bietet für den *Anfänger* gleich eine ganze Reihe von Vorteilen:

*   Kurze Geschichten kann man **aus einer Perspektive erzählen.**

---

[4] Man findet den Unterschied zwischen beiden im Glossar.

- **Thema und Prämisse sind begrenzt**, ebenso die **Zahl der Schauplätze und die erzählte Zeit.**
- Die Aufgabe ist überschaubar und damit eher lösbar.

Nachteil für Ehrgeizige:

- Kurzprosa ist bei Lesern in Deutschland nicht so beliebt.

Vielleicht zu Unrecht? Alice Munro bekam für ihre Erzählungen den Literaturnobelpreis ...

Trivial oder belletristisch, lokal oder (inter)national?
Erinnern Sie sich noch? Wenn Sie mit dem Schreiben möglichst viel – oder überhaupt etwas – Geld verdienen (wollen), dann müssen Sie (eigentlich) Trivial- oder wenigstens (belletristische) Unterhaltungsliteratur schreiben.

Der **Stoff**, aus dem die Bestseller sind?
Die wohl erfolgreichste deutsche Schriftstellerin aller Zeiten ist Hedwig Courths-Mahler(1867-1950).

Den Geheimnissen ihres Erfolges nachzuspüren, würde den Rahmen dieses Buches sprengen; eine ganz kurze Analyse ist trotzdem nützlich. Sie wählte das jeden Menschen unmittelbar betreffende ewige Thema: Sie schrieb 208 **Liebes**romane. Sie gab ihren meist weiblichen Leserinnen die **Hoffnung**, dass **Träume wahr** werden können, zumindest für die Dauer des Lesens. Die Aufsteigerin, die durch die Liebe ihre einfachen Anfänge erfolgreich überwindet: Das war ihr eigenes Schicksal – und wohl deshalb konnte sie (einigermaßen) **glaubwürdig** darüber schreiben. Dass ihre Thematik und ihre Charaktere dabei (meist) klischeehaft blieben, nahm man ihr nicht übel. Eher vielleicht im Gegenteil. Man las einen Roman nach dem anderen von ihr, begegnete immer wieder dem gleichen Thema, nur die Personen hießen anders, und hie und da gab es eine Variation im Milieu.

Ähnliches bemängeln Literaturkritiker auch am erfolgreichsten deutschen Schriftsteller, Karl May(1842-1912); dass seine Charaktere nicht **rund** sind, sondern eindimensional, Klischees verhaftet. Dass es keine Grautöne, sondern schwarz-weiß gibt, dass die Brüche fehlen.

Lernen kann man aus diesen beiden Autoren-Biographien eine Menge: Erfolg ist nicht (immer) eine Konsequenz literarischer Leistung. Bestseller **verkaufen sich** am besten, aber es müssen durchaus nicht die (literarisch) besten Bücher **sein**.

Wenn Sie ein erstes Buch schreiben wollen, sollten Sie zumindest ein bisschen daran denken, wie Sie Ihr Buch an den Mann oder die Frau bringen wollen.

Finde ich einen „richtigen" **Verlag**?

Das ist die erste Frage, die sich schon lange vor Fertigstellung des Buches stellt. Eher nicht, lautet die Antwort. Viele Verlage kämpfen ums Überleben, die Konkurrenz für das Buch als Medium von Entspannung oder Auseinandersetzung ist riesengroß. Fernsehen, Film, Computer, Smartphone, Internet, Theater … Wenn Sie Glück haben, werden Sie nach Einreichung Ihres Manuskripts eine Antwort bekommen: **PNIP** – **p**asst **n**icht **i**ns Verlags**p**rogramm!

Wenn Sie allerdings bereits ein Promi sind, dann brauchen Sie sich über die Verlagssuche keine Gedanken zu machen. Man wird Ihnen Ihr Manuskript aus den Händen reißen! Sie sind bekannt, man wartet nur darauf, dass Sie sich äußern, der Werbeaufwand für ein solches Werk ist vergleichsweise gering. Wahrscheinlich haben Sie diesen Ratgeber aber dann auch gar nicht gekauft ...

Für alle Normalbürger bleibt meist nur das **Self-Publishing**. Das ist heute einfach, kostengünstig und außerordentlich professionell. BoD, Twentysix, neo-books und viele andere Dienstleistungsverlage stehen parat, dem Erstlings-Autor unter die Arme zu greifen. Sich vorher intensiv über die jeweiligen Konditionen zu informieren, lohnt sich. Es gibt immer noch teure Anbieter, wo das erste Buch mehrere tausend Euro kosten kann!

Für einen Erstling ein **lokales Thema** beziehungsweise einen **lokalen Rahmen** zu wählen, ist eine gute Strategie. Im lokalen Raum haben Debütanten damit eine reale Chance. Auch die Tatsache, dass man keinen Verlag gefunden hat – ansonsten ein Schamfaktor – fällt hier nicht ins Gewicht. Für ein nur lokales Publikum einen Verlag zu finden, ist aufgrund der natürlicherweise begrenzten Käufer- und Leserzahl völlig *normal*.

Vielleicht kümmern Sie sich auch um einen **Sponso**r. Möglicherweise ist Ihr Thema für ein Unternehmen interessant? Als Werbegeschenk? Für die Mitarbeiter? Um Auffassungen des Unternehmens zu dokumentieren?

Was will man betonen, was hat mich besonders fasziniert, wo bin ich Experte?

Auch aus diesen Überlegungen ergeben sich ganz unterschiedliche Genres. Denn – alle Elemente eines Themas sind geeignet, unterschiedliche Textformen zu generieren:

Sie waren viel in der Welt unterwegs, haben abenteuerliche **Schauplätze** erleben dürfen – vielleicht schreiben Sie einen Abenteuerroman, der die vielen interessanten Schauplätze in Szene setzen kann.

Sie haben einen oder mehrere faszinierende Menschen kennengelernt; sie könnten einen **Charakterroman** ins Auge fassen.

Sie waren schon immer an der zukünftigen Entwicklung der Technik interessiert – wie wäre es mit **Science Fiction**? Die Reihe ließe sich beliebig fortsetzen...

Die Qual der Wahl

Sollte man nicht genau das schreiben, was Leser am liebsten lesen? Sensationen, intime Geheimnisse, Schund, ein Massen-Thema, den Lesern nach dem Munde reden – damit die Chancen auf Erfolg ein kleines bisschen größer sind?

Kreativ schreiben ist wohl eher Handwerk **und** Kunst, Beachtung der Lesermotive **sowie** der eigenen, nur **auch** Geschäft, **vor allem aber** Selbstverwirklichung im künstlerischen Akt, im Spagat zwischen Lesererwartung und eigenem Schaffensdrang.

Ich schreibe, also bin ich![5]

Dass dieser Akt ein bisschen besser gelingt, dafür kann man etwas tun.

4 Schreibpraxis

Am wichtigsten für das Schreiben ist das Lesen – dass man viel liest und viel gelesen hat! Lesen ist für jeden, der schreibt oder schreiben will, unverzichtbar. So wie das junge Mädchen seinen Kleidungs- und Frisurenstil erst im Laufe der Zeit an den vielen Vorbildern schult und zu einem eigenen sicheren Stil findet – genauso oder ähnlich ergeht es uns Schreibern; wir lernen an den Vorbildern und entwickeln vielleicht irgendwann etwas originär Eigenes.

4.1 Am Anfang brauchen Sie einen Titel und am Ende müssen Sie einen haben

Einen Arbeitstitel werden Sie gleich zu Beginn brauchen. Er ordnet, strukturiert ihre Gedanken, lässt nicht zum Thema Gehörendes unter den Tisch fallen. Haben Sie schon vorher alles sehr gut durchdacht, den **Plot,** den Handlungsablauf, bereits sorgfältig geplant, sind sich schon klar darüber, was die Botschaft Ihres Textes, die **Prämisse**, sein soll – dann ist dieser Arbeitstitel vielleicht der endgültige Titel zu Ihrem Werk. Kein Problem jedoch, wenn er sich wäh-

---

[5] „J'ecris, alors je suis."

rend des Schreibens verändert: Das Schreiben selbst hat eine große Dynamik, verändert die ursprünglichen Absichten, lässt Charaktere wegfallen und neue auftauchen, rückt ursprünglich nicht geplante Szenen und Schauplätze in den Vordergrund. Ob Sie für das Schreiben eines Romans zwölf Jahre oder zwölf Wochen benötigen – das hängt von Ihrer Schreibermentalität ab. Nicht wenige bevorzugen den Kraftakt: Jeden Tag schreiben, ein diszipliniert-rauschhaftes Unterfangen, in dem man nicht nach Wochen oder Monaten die ganze Thematik von vorne aufrollen muss. Ist der Kraftakt auch Ihnen angemessen, nehmen Sie sich für die ins Auge gefasste Zeit nicht viel vor; Sie werden Tag und Nacht über Ihren Text nachdenken.

Alle Elemente einer Handlung eignen sich – je nachdem, welchen Schwerpunkt Ihr Text haben soll – als Titel.

- Der **Titelheld**, die **Titelheldin**: *Oliver Twist, Tonio Kröger, Die gute Tochter*
- Der **Schauplatz**: *Londinium, Eines Morgens in Paris, Die New-York-Trilogie*
- Die (erzählte) **Zeit**: *Die letzten Tage von Pompeji, Zeiten des Aufbruchs*
- Das **Thema**: *Schöne neue Welt, Unterwerfung*

Heute findet man auch äußerst sperrige Titel:

- *Die Erfindung der Roten Armee Fraktion durch einen manisch depressiven Teenager im Sommer 1969*

Schaut man sich die verschiedenen Bestseller-Listen der vergangenen Jahre an, so überwiegen jedoch – auch bei den Büchern der gehobenen Unterhaltungsliteratur – kürzere, einprägsame Titel ohne Kunstsignale.

Aus der unendlichen Fülle möglicher Titel denjenigen auszuwählen,

- der einen ersten Überblick über den Inhalts- und Themenschwerpunkt bietet
- neugierig macht, ohne zu viel zu verraten und
- sprachlich schön ist, so dass er die Phantasie anspricht und die Sehnsucht weckt, das Buch zu besitzen und zu lesen,

ist eine reizvolle und schwierige Aufgabe.

Einige Beispiele:

- *Die Liebe in Zeiten der Cholera (Gabriel Garcia Marquez)*
- *Wem die Stunde schlägt (Ernest Hemingway)*
- *Das Geisterhaus (Isabel Allende)*

Will man ein Buch mit Kurzgeschichten, kurzen Geschichten oder Erzählungen veröffentlichen, braucht man für den Titel irgendeine Klammer, etwas Gemeinsames. Das könnte beispielsweise

- das **Thema** sein, um das sich alle Geschichten drehen
- Auch das **Genre** eignet sich: **Fabeln** von La Fontaine
- Ebenso das **Medium der Veröffentlichung**: **Kalender**geschichten von Johann Peter Hebel und Bertolt Brecht
- Mancher Autor wählt auch einfach eine seiner Geschichten als **Coverstory** aus; diese – üblicherweise erste Geschichte im Buch – liefert dann den Titel.

4.2 Thema – Prämisse –Stoff – Handlung

Üblicherweise liegt die **Themen**suche noch vor dem Festlegen des Titels.

Wenn Sie dieses Buch gekauft haben, ist Ihre Situation jedoch (vermutlich) speziell: Sie haben Ihr Thema längst gefunden, wissen, was sie aussagen wollen (die **Prämisse**[6], die **Botschaft** des Textes). Der **Stoff** hat sich Ihnen angeboten; die Aufgabe, diesen Stoff in eine konsistente und spannende literarische Handlung umzusetzen, die liegt allerdings noch vor Ihnen.

Für diese Aufgabe gibt es vielfältige Hilfe:

- Studieren Sie **Plotmodelle**!
- Erstellen Sie ein **Storyboard**!
- Schreiben Sie für die *Hauptfigur*(en) eine ausführliche **Biographie**!
- Planen Sie am Ende eine lange **Überarbeitungsphase** ein – denn Sie haben sicher nicht jede Chance genutzt, die Ihr Text bietet.[7] [8]

Ach übrigens: Braucht man denn überhaupt eine Botschaft?

Um einen breiten Bucherfolg zu haben, offensichtlich nicht. Die beiden Grundfragen „Kriegen sie sich?" oder „Wer hat's getan?" scheinen Leser außerordentlich zu interessieren. Liebesgeschichten und Kri-

---

[6] Z.B. Untreue lohnt sich nicht; Ehrlich währt am längsten oder Güte ist Dummheit; sei einfach und bescheiden, dann kann dich keiner leiden …

[7] Siehe Kapitel *Plotmodelle, Storyboard* und *Überarbeitungsphase* sowie *Was ist lustig?* in diesem Buch.

[8] Siehe Fritz Gesing, Kreativ schreiben. Handwerk und Techniken des Erzählens, Dumont 2004, S. 100ff.

mis boomen. Auch Fernseh- und Filmzuschauer brennen für solche Stoffe, wenn man in die Programme der Fernsehsender hineinschaut und davon ausgeht, dass die Programmverantwortlichen sich eingehend informiert, recherchiert haben und den Publikumsgeschmack richtig einschätzen.

Ob man also in seinem Text Grundfragen der Vergangenheit und Gegenwart nachgeht, Politik und Gesellschaft auf den Prüfstand nimmt, ergründen will, was die *Welt im Innersten zusammenhält?* Wer's genial tut, mag einen Hit landen. Amüsant für die meisten Leser sind wohl – leider eher – die locker-flockigen Varianten.

Wer das ins Auge gefasste Thema noch einmal auf den Prüfstand nehmen möchte, weil die ursprüngliche Idee bei näherem Hinsehen wohl doch nicht trägt, findet vielleicht durch die im Folgenden beschriebenen Kreativitätstechniken weitere Hinweise.

Exkurs: *Von Brainstorming und Clustering bis Mindmap*

Eigentlich entstammt die Verwandte des **Brainstormings**, das freie Assoziieren, Freuds Psychoanalyse. Für Ideenfindung – ob allein oder häufiger in der Gruppe – ist die Methode jedoch auch für andere Bereiche sinnvoll.

Denken Sie an Ihr mögliches Thema und schreiben Sie alles auf, was Ihnen einfällt. Scheiden Sie unsinnig Erscheinendes nicht aus, sondern lassen Sie, anders als im „normalen" Leben, Ihre Gedanken einfach fließen. Oft ist man erstaunt, welche Ideenfülle entsteht.

Wenn Ideen sich allerdings fern halten, kann man sich das Alphabet auf ein Blatt untereinander schreiben. Vielleicht fällt einem mit diesem simplen Trick nun doch etwas ein.

Einen von Anfang an geordneten Zugang zu Ideen und deren Sammlung ist das **Clustering**.

Das **Cluster-Verfahren** (auch **Clustering**) ist eine Methode des Kreativen Schreibens. Dabei werden Assoziationsketten notiert, die von einem Zentralwort ausgehen. Das Clustering ist ein Brainstorming-Verfahren.

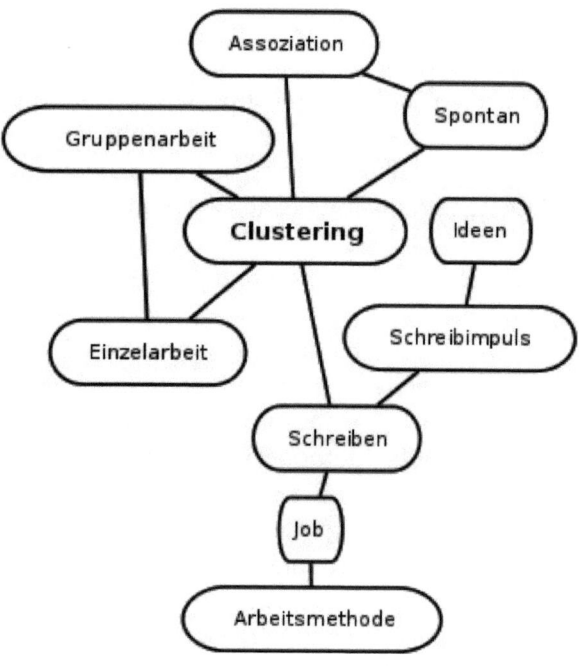

Cluster zum Thema *Clustering*

Grundregeln

1. Der Cluster beginnt mit dem Cluster-Kern: Ein einzelnes Wort oder eine Phrase wird in der Mitte eines Blattes notiert und ein Kreis um diesen Anfang gezogen.
2. Vom Kern ausgehend werden nun Assoziationen notiert. Jede Assoziation wird wieder umkreist und mit der vorangehenden Assoziation durch einen Strich verbunden.
3. Eine neue Assoziationskette setzt wieder beim Cluster-Kern an.
4. Jede Assoziation wird notiert. Eine Zensur findet nicht statt.

Ziel

Anders als bei linearen Notizen entstehen nach einer gewissen Zeit aus den losen Assoziationsketten Verknüpfungen, erste Ideen für Verbindungen kommen auf. Dies ist der Übergang zum sogenannten **Versuchsnetz** (web of trial). In dieser Phase werden die Assoziationen in eine bestimmte Richtung weitergelenkt: Es entsteht so etwas wie ein Text auf Probe. Aus dieser aufblitzenden Idee entsteht irgendwann ein **Schreibimpuls**, den man unmittelbar umsetzt.

Mindmapping ist eine Technik, mit der Sie auch komplexe Themen erfassen, sortieren und durchdenken können.

Eine **Mindmap** beschreibt eine kognitive Technik, die man z. B. zum Erschließen und visuellen Darstellen eines Themengebietes, zum Planen oder für Mitschriften nutzen kann. Hierbei soll das Prinzip der Assoziation helfen, Gedanken frei zu entfalten und die Fähigkeit des Gehirns zur Kategorienbildung zu nutzen. Die Mindmap wird nach bestimmten Regeln erstellt und gelesen. Den Prozess bzw. das Themengebiet bzw. die Technik bezeichnet man als **Mindmapping**.

Erstellung

Eine Mindmap wird auf unliniertem Papier erstellt. In der Mitte wird das zentrale Thema möglichst genau formuliert und/oder als Bild in verschiedenen Farben dargestellt. Davon ausgehend werden in Großbuchstaben die Hauptthemen, entsprechend der Kapitelüberschriften eines Buches, mit organischen (d. h. dick gebogenen und dünn auslaufenden) Hauptlinien verbunden. Pro Linie wird jeweils ein Schlüsselbegriff verwendet, wobei die Linienlänge der Wortlänge entspricht. Daran schließen sich in dünner werdenden Zweigen und unter Verwendung von Kleinbuchstaben die zweite und dritte sowie weitere Gedankenebenen (Unterkapitel) an. Verschiedene Farben für Äste oder Themen, Bildelemente zu den Begriffen oder persönliche Codes stellen Zusammenhänge und Querverbindungen dar. Gleiche Farben werden beispielsweise für gleiche Ebenen (Äste der ersten oder zweiten Stufe) verwendet. Die Mindmap soll kreativ und humorvoll umgesetzt werden. Jeder Ast und jede Verästelung wird vom Mittelpunkt aus gelesen. Die Mindmap ist dann beendet, wenn ihr Autor dies beschließt – theoretisch kann jedes enthaltene Wort

Mittelpunkt einer neuen Mindmap sein, da die assoziativen Fähigkeiten unbegrenzt groß sind.

Methode
Formal gesehen bestehen Mindmaps aus beschrifteten Baumdiagrammen. Zusätzliche Anmerkungen erläutern Inhalte und Prozesse. Zusammenhänge werden durch gegenseitige Verknüpfungen dargestellt. Im Gegensatz zum Brainstorming, bei dem eine Reihe von unsortierten Begriffen produziert und anschließend mit der Pinnwandmoderation sortiert werden, wird bei der Mindmap von Beginn an eine vernetzte Struktur erzeugt. Eine Mindmap eignet sich auch zur Dokumentation der sortierten Fassung eines Brainstormings.[9]

4.3 Perspektive und Erzählhaltung

1. „Als ich noch jünger und verwundbarer war, gab mein Vater mir einen Rat, der mir seither nicht mehr aus dem Kopf geht. „Wann immer du glaubst, jemanden kritisieren zu müssen", sagte er zu mir, „denk daran, dass unter all den Menschen auf

---

[9] Wikipedia, Brainstorming, Clustering, Mind Map (2.12.2017 – 9.09 Uhr); Weglassungen, Kürzungen, Rechtschreibkorrekturen und Layout-Veränderungen vom Verfasser.

dieser Welt niemand solche Vorzüge ge-
nossen hat wie du."

F. Scott Fitzgerald: Der große Gatsby

2. *"Als Gregor Samsa eines Morgens aus*
unruhigen Träumen erwachte, fand er
sich in seinem Bett zu einem ungeheuren
Ungeziefer verwandelt."

Franz Kafka: Die Verwandlung

Zwei Beispiele für **Erzählperspektiven**, die in der Folge viele Konsequenzen nach sich ziehen.
Man unterscheidet (u.a.) die
- Ich-Perspektive (siehe Beispiel 1)
- Er- oder Sie-Perspektive, auch personale Erzählsituation genannt (Beispiel 2)
- den allwissenden Erzähler, der heute seltener verwendet wird. Er kommentiert das Geschehen, die handelnden Personen, schweift in allgemeine Erörterungen ab.

Ich- und Er-/Sie-Perspektive ermöglichen eine sehr eindringliche Darstellung einer Person, deren Gedanken, Gefühle wiedergegeben werden. Eine Ich-Perspektive bietet darüber hinaus breite Möglichkeit zu Kommentar und Erörterung. In Romanen kann die personale Erzählsituation zu einer fast allwissenden Perspektive ausgeweitet werden. Es gibt mehrere Charaktere der Handlung, die aus Innensicht dargestellt werden, so dass der Leser einen breiteren

Überblick bekommt. Die modernere Literatur wählt häufig die (vermeintlich objektivere) personale Perspektive, die Ich-Perspektive hat weiterhin, je nach Erzählziel, ihren Platz.

Wenn mehrere „unglaubwürdige" Erzähler über ein Ereignis berichten und damit völlig unterschiedliche, aber durchaus logisch nachvollziehbare Sichtweisen enthüllen, nennt man dies in Anlehnung an einen japanischen Film der Fünfzigerjahre „Rashomon-Effekt". Unglaubwürdige Erzähler sind für die Leser-Identifikation allerdings eher problematisch – und deshalb für einen Anfänger im Schreibhandwerk sowohl wenig empfehlenswert als auch zu schwierig zu verwirklichen.

Über die Perspektive hinaus unterscheidet sich der (fiktive) Erzähler durch seine **Erzählerhaltung** und Erzähldistanz: Er ist selbst Held oder lediglich Beobachter, emotional ergriffen oder kühl-sachlich distanziert, individualistisch oder um Objektivität bemüht, überblickt das Geschehen oder muss es selbst langsam entschlüsseln.

Unterschiedliche Genres erfordern eine jeweils angemessene Perspektive und Erzählhaltung.

4.4 Mit dem Erzählen anfangen – der wohl schwierigste Schritt

„Erzählende Texte präsentieren Ausschnitte aus fremden Welten. Sie führen den Rezipienten auf unbekanntes Terrain, ganz gleich, ob sie Fiktives oder Faktisches zum Inhalt haben. Welche Vorinformation über Inhalt und Form auch bereits zu ihm vorgedrungen sein mag, vollständig lässt sich das zu Erwartende in Erscheinungsweise und Wirkung doch nie abschätzen. Es kann nicht nur erschütternd, beunruhigend oder abstoßend sein und den Leser damit in seinem Seelenfrieden bedrohen, sondern auch banal, langweilig oder albern und sich entsprechend als Verschwendung von Zeit und Energie entpuppen.

So stellt es immer ein gewisses Wagnis dar, sich auf einen Erzähltext einzulassen, den vom Autor eingeschlagenen Pfaden zu folgen. Entsprechend wichtig erscheint der <u>Beginn der geplanten Reise</u>**, denn er gibt dem Rezipienten Hinweise auf ihren Verlauf und die** <u>Möglichkeit</u>**, ohne größeren Verlust von Zeit und Kraft wieder** <u>umzukehren</u>**.** Er klärt ihn z.B. über die (erste) Richtung der Fahrt auf und über das dafür benutzte Vehikel, aber auch über die **personellen Rahmenbedingungen.** Wird es nach **Indien gehen oder in die Eifel,** wird die Fahrt mit dem Fahrrad stattfinden oder mit dem Hochgeschwindigkeitszug? Wie sieht die Ausrüstung aus, wer sind die **Begleiter**? Wird man sich also einschränken müssen oder luxuriös reisen? Wird man mit einer geschwätzigen alten Frau oder mit einem gediegenen Ehepaar auskommen müssen?

Auf diese und viele weitere Fragen gibt der Eingang eines Textes <u>erste</u> **Antworten und verspricht auf diese Weise eine mehr oder weniger angenehme Erfahrung.**

Der Leser seinerseits lässt sich **dadurch nicht nur zur Lektüre bewegen oder aber davon abschrecken,** er wählt sich im ersteren Fall auch die mentale Ausrüstung, die die Vorgaben des Eingangs als erforderlich oder zumindest hilfreich erscheinen lassen, und legt damit fest, ob er die Reise in Wanderschuhen oder in Sandalen bestreiten wird. So ergibt sich bereits am Anfang eines Textes eine intensive Interaktion zwischen dem Leser und der virtuellen Realität, die bereits grundlegende Weichen stellt.

Ob diese Weichenstellungen dem Kommenden angemessen sind, ob **die Anfangsgestaltung den Rezipienten umsichtig in die angesteuerten Gefilde einführt oder ihn weitgehend unvorbereitet auf das stoßen lässt, was ihn erwartet,** ist die Frage, die hier im Mittelpunkt des Interesses steht. Trifft Letzteres zu, ist zu untersuchen, in welcher Weise Anfang und Fortgang kontrastieren und welche Wirkung dies hervorruft. Ist Ersteres der Fall, wäre zu klären, mit welchen Mitteln und welchem Ergebnis diese Einführung erfolgt." [10] [11]

Wenn der Interessent das Buch in die Hand genommen oder im Netz aufgerufen hat, entscheiden meist schon die ersten Sätze des Textes, ob ein Leser gewonnen oder verloren wird.

Der Anfang des Textes hat neben der Weckung des Leserinteresses vielfältige Informationsaufgaben:

- Wo spielt die Handlung?
- In welcher Zeit ist der Text angesiedelt?

---

[10] Madlen Hunger, Nur das erste Wort ist schwer, Erzählanfänge in den novellistischen und biographischen Texten Stefan Zweigs, Bonn 2010

[11] Hervorhebungen und Absätze vom Verfasser.

- Aus welcher Perspektive wird erzählt? Gibt es einen Erzähler?
- Welche Charaktere werden mir, dem Leser, auf dieser Buchreise begegnen?

Er führt in die Erzählhaltung und den Erzählstil ein, die den Leser erwarten.

Lassen Sie sich im Folgenden durch einige große Erzählanfänge inspirieren!

Es war die beste und die schlimmste Zeit, ein Jahrhundert der Weisheit und des Unsinns, eine Epoche des Glaubens und des Unglaubens, eine Periode des Lichts und der Finsternis: es war der Frühling der Hoffnung und der Winter der Verzweiflung; wir hatten alles , wir hatten nichts vor uns; wir steuerten alle dem Himmel zu und auch alle unmittelbar in die entgegengesetzte Richtung – mit einem Wort, diese Zeit war der unsrigen so ähnlich, dass ihre geräuschvollsten Vertreter im guten wie im bösen nur den Superlativ auf sie angewendet haben wollten.

Charles Dickens: Eine Geschichte aus zwei Städten

Es war ein strahlender, kalter Tag im April und die Uhren schlugen Dreizehn.

George Orwell: 1984

Es war ein verrückter schwüler Sommer, dieser Sommer, in dem die Rosenbergs auf den elektrischen Stuhl kamen und ich nicht wusste, was ich in New York eigentlich wollte.

Sylvia Plath: Die Glasglocke

Es war unvermeidbar. Der Geruch bitterer Mandeln ließ ihn stets an das Schicksal verhinderter Liebe denken.

Gabriel Garcia Marquez: Die Liebe in den Zeiten der Cholera

Lolita, Licht meines Lebens, Feuer meiner Lenden. Meine Sünde, meine Seele. Loo – Lii – Ta: die Spitze der Zunge **geht** *auf eine Tour, drei Stufen hinunter vom Gaumen, und* **ist** *bei drei an den Zähnen. Lo. Lii. Ta.*

Vladimir Nabokov: Lolita

4.5 Präsens oder Präteritum, Aktiv oder Passiv?

Es gibt zwei mehr oder weniger übliche Zeitformen fürs Erzählen: einfache Gegenwart (**Präsens** – sie schreibt) oder einfache Vergangenheit (**Präteritum** – sie schrieb). Das **epische** Präteritum ist das übliche in klassischer Erzählliteratur, heute findet man viele

Texte, vor allem bei den Kleinformen wie Kurzgeschichte oder Erzählung, in **historischem** Präsens. Bis
auf „Lolita" stehen auch die vorstehenden Beispiel-
texte in Präteritum.[12]
Nicht immer bleibt die gewählte Zeitform die
gleiche. So ist es üblich, besonders spannende Szenen, Beschreibungen oder Erzählerkommentare in
Präsens abzufassen, auch wenn die Zeitform Präteritum gewählt wurde. Im folgenden Kapitel „Zeitgestaltung" wird näher auf die zu verwendenden Zeitformen eingegangen.
Aktiv überwiegt in Erzählliteratur den **Passiv** (16 zu 1
in den vorstehenden Textausschnitten!)deutlich.
Gründe hierfür ergeben sich aus der grammatischen
Bedeutungsweise von Aktiv bzw. Passiv. Der Hand-
lungsträger im Mittelpunkt versus die Aktion, das
Geschehen im Mittelpunkt.

4.6. Die Zeitgestaltung

Gegenwart, Vergangenheit, Zukunft, Wahrscheinli-
ches und Unwahrscheinliches – das alles enthält ein
erzählender Text natürlich auch.
Ist die gewählte Zeitform das **historische Präsens**,
verändert sich sozusagen nichts.

Ich liebe Lolita,
ich habe sie von Anbeginn geliebt,

---

[12] Hervorhebungen: Präteritum unterstrichen, Präsens
fett.

ich liebte ihre unschuldigen Augen,
ich werde Lolita nie vergessen,
ich würde alles genauso wieder tun ...

Ist die gewählte Zeitform das **epische Präteritum**, wird's ein kleines bisschen komplexer.

Wilson wohnte jetzt in dem Zimmer über der alten Buchhandlung.
Er hatte sich dort eingemietet, um sie treffen zu können.
Er hatte sie gesehen und sie angeblickt.
Er würde den Anblick dieser Augen bis an sein Ende nie vergessen.
Alles würde er genauso wieder tun, auch wenn es ihn das Leben kosten sollte.

Es gibt gute Grammatiken, in denen man die Zeitverschiebung bei Verwendung von epischem Präteritum üben kann.

- aus Präteritum wird Plusquamperfekt (für Vorvergangenheit),
- aus Futur 1 wird Konjunktiv 1 (für Zukünftiges).

Das sind die wichtigsten Regeln, die Sie befolgen müssen.

Wenn Sie nach Abschluss Ihrer Erzählung/Ihres Romans einen fitten Testleser (oder einen professionellen Lektor) einschalten, der die formal-richtige Verwendung der Zeitformen überprüft, sind Sie auf der sicheren Seite.

4.6.1 Rückgriffe, Rückblenden

Sie haben Ihren Text angefangen. Ort, Zeit und Protagonist oder Protagonistin sind eingeführt. Einige Handlungssequenzen sind geschrieben. Irgendwann will man den Leser wissen lassen, warum der Protagonist so oder so handelt. Verständlich werden Entscheidungen und Handeln aber oft erst aus der Vergangenheit einer Figur. Der Held erinnert sich oder der Erzähler berichtet seine Geschichte (besser nur Teile davon!): eine Rückblende oder ein Rückgriff.

Beispiele

1

...Käthe sang, mit ihrer schönsten Stimme. Erst ‚Schlaf, Hänschen, schlaf', dann noch ‚Hänschen klein, ging allein'.

So hätte sie früher gern für ihre Kinder gesungen. Oder wenigstens für ein einziges Kind, das wäre auch schön gewesen. Aber das hatte nicht sein sollen. Hans und sie konnten keine Kinder bekommen. Da hatten sie sich dreinfinden müssen und das Beste daraus gemacht. Vielleicht hatten sie sich auch so gern gehabt, weil sonst niemand zum Lieben da gewesen war...."

2

...„Karoline erinnerte sich an die, die nicht mehr da waren.

Rudolf, ihr erster überhaupt, den hatte sie besonders gern gehabt. Und ihn leidenschaftlich geliebt. Ob die Heftigkeit der Zuneigung hormonell bedingt gewesen war, sie nahm es an..."

4.6.2 Vorgriff, Vorausdeutung, Foreshadowing

- ist die andeutende Vorwegnahme eines erst später eintretenden, in der Zukunft des Erzählten liegenden Ereignisses
- steigert die Spannung
- bereichert die Komposition des Dargestellten

„Die epische Vorausdeutung (die im Englischen mal wieder etwas griffiger Foreshadowing heißt) ist ein wirksames Mittel, um eine spannende Geschichte noch spannender zu erzählen... **Foreshadowing bedeutet, dass ich in meinen Roman Elemente einfüge, die auf kommende Komplikationen, Gefahren oder Enthüllungen hinweisen, die den Leser im weiteren Verlauf der Handlung noch erwarten.** Diese Elemente entfachen im Leser Erwartungen und Sorgen anlässlich der vielen aufregenden und/oder schlimmen Dinge, die die Hauptfigur erwarten. Diese Elemente können zum Beispiel Gespräche sein (in denen Figuren **Befürchtungen oder Vermutungen** äußern),Gegenstände oder Hinweise (deren Funktion zunächst rätselhaft bleibt), **Prognosen, Prophezeiungen, Weissagungen, Ahnungen oder mysteriöse Träume** ...Gut eingesetzt, weisen epische Vorausdeutungen auf etwas hin, das jedoch nicht eintritt, dafür aber etwas anderes, das trotzdem logisch mit dem Hinweis verknüpft ist. Gutes Foreshadowing ist nicht leicht zu schreiben. ... Es kommt nicht nur darauf an, Vorausdeutungen zu platzieren, es kommt vor allem darauf an, sie richtig zu platzieren. Sie dürfen weder zu durchsichtig, noch zu subtil für den Leser sein. ... Vorausdeutungen (müssen) sehr sorgfältig geplant und geschrieben werden. Etwas, das ich nur in vielen und gründlichen Überarbeitungsschritten erreichen kann.

Ideen für Foreshadowing

- *Seltsames Verhalten:* Arbeitskollegen ignorieren die Hauptfigur. Wissen sie mehr als sie? Wird sie ihren Job verlieren? Hat sie einen fatalen Fehler gemacht, von dem sie noch nichts ahnt?
- *Ängste:* Der Leser wird ahnen, dass sich der Höhepunkt des Romans im Wasser abspielt, wenn die Hauptfigur eine entsprechende Phobie hat.
- *Setting:* Stürme, Gewitter oder Naturkatastrophen können andere unheimliche Ereignisse einleiten.
- *Symbole:* eine verdorrte Pflanze, ein zerbrochener Spiegel u.ä. können auf Unglücke hinweisen.
- *Gegenstände:* Der seltsame Koffer, der zu Beginn des Romans auftaucht und dessen Inhalt mysteriös bleibt, spielt beim Höhepunkt der Geschichte eine entscheidende Rolle.
- *Gefahren*"[13]

---

[13] Marcus Johanus, Spannender schreiben mit epischen Vorausdeutungen, 1.9.2017, 17.44 Uhr; Layout-

4.7 Erzählzeit und erzählte Zeit

Die **Erzählzeit** ist die Zeit, die man zum Erzählen oder Lesen eines Romans oder einer Erzählung braucht. Die **erzählte Zeit** ist der Zeitraum, von dem der Roman oder die Erzählung berichtet. Üblicherweise ist die Zeitspanne der erzählten Zeit die erheblich längere. Tage, Jahre, ganze Epochen müssen konsequenterweise *gerafft* bzw. *ausgespart* werden. Es entstehen *Zeitsprünge* oder *Leerstellen*, die der *Autor zusammenfassen* oder der *Leser füllen* muss.

4.7.1 Raffung und Leerstellen

- **Raffung**

Beispiel

„30 Jahre später

Noch vierzehn Jahre dauert der Krieg, der später der dreißigjährige heißt. Hunger, Pest, Seuchen, marodierende Soldaten und Brandschatzung. Auch die Kriegsfolgen drücken schwer. Susanna ist nach einigen Jahren Dienst bei unterschiedlichen Herrschaften wieder zu ihrer Familie zurückgekehrt.“

- **Leerstellen**

In jeder Erzählung, in jedem Roman wimmelt es nur so von Leerstellen. Kaum je ein Text ist in der Lage, alles der Reihe nach in Echtzeit wiederzugeben. Wer

---

Veränderungen, Hervorhebungen und Weglassungen vom Verfasser

solches versuchen sollte, würde seine Leser vermutlich zu Tode langweilen![14]

Der erfahrene Leser ist es gewöhnt, Leerstellen zu füllen, er arbeitet mit. Übertreiben sollte man als Autor nicht! Werden die Leerstellen zu groß, oder sind es ihrer zu viele, wird der Text nicht mehr nachvollziehbar und damit unverständlich. Der Autor lässt den Leser von der Leine, oft verliert er ihn sogar.

4.7.2 Raffen oder dehnen – hasten oder verweilen?

Eng mit dem vorstehend erläuterten Verhältnis von Erzählzeit zu erzählter Zeit hängt die Frage

- der Schwerpunktsetzung sowie
- der Spannungskurve

zusammen.

Was **wichtig** ist, wird man betonen wollen; man schreibt ausführlicher. Ein Dialog wird genau wiedergegeben, entscheidende Szenen werden ausgeweitet. Ist der Stoff für das Thema wichtig, lässt man vielleicht eine Figur auftreten, die Hintergründe und Zusammenhänge erklärt (und trotzdem authentisch bleibt). Der Autor **dehnt**, während er **Unwichtiges** zusammenfasst, Zeitsprünge – vielleicht nur in einem Ausdruck – überbrückt. Der Autor **rafft**.

---

[14] James Joyce hat es mit der *stream-of-consciousness-*Technik, einer radikalen Variante des inneren Monologs, versucht (s. 6.1.3).

Die Geschwindigkeit, mit der Handlungsteile vom Autor abgehandelt werden und die daraus resultierende Reisegeschwindigkeit für den Leser, hat nicht nur mit der Frage wichtig/unwichtig zu tun.

Ein gut komponierter Text spannt den Leser an und entspannt ihn wieder, bis er endlich zum Höhepunkt kommt und dann wieder verflacht. Für die Erzeugung der Spannungskurve setzt der Autor unterschiedliche Textformate ein.

- Anspannung:
  Monologe, Dialoge, (Halb)Szenen, Höhepunkt;
  genaues Erzählen, **dehnen**
- Entspannung:
  Bericht;
  zusammenfassen, durch die Zeit eilen, **raffen**

Eine Sonderstellung hat im vorstehend erwähnten Zusammenhang

- die Beschreibung. Sie dient der Entspannung, es ist ein Verweilen des Lesers ohne Dramatik auf Vorgängen, Landschaften, Personen und Gegenständen. Der Autor **dehnt**, damit der Leser sich das Beschriebene genau vorstellen kann.
- der Vorgriff. Richtig gesetzt und formuliert, dient er der Spannungs**erhöhung**, obwohl er meist **knapp** formuliert ist, manchmal nur zu einem Symbol zusammenschmilzt.
- Beschreibungen sollten *ästhetisch* sein, so dass es dem Leser Freude macht, sich bei ihnen auszuruhen – siehe nachstehende Textprobe.

Aus der „Ilias" von Homer

„So sprach er und ließ sie dort und ging zu den Blase-
bälgen, und diese wandte er zum Feuer und hieß sie
arbeiten. Und die Blasebälge, zwanzig insgesamt,
bliesen in die Schmelztiegel und entsandten einen
allfältigen, gut anfachenden Zugwind, dem Geschäf-
tigen bald so, bald wieder so zu dienen, wie He-
phaistos es wollte und er das Werk zustande brachte.
Und Erz warf er ins Feuer, unzerstörbares, und Zinn
und Gold, geschätztes, und Silber. Aber dann stellte er
auf den Amboshalter den großen Ambos und ergriff
mit der Hand den starken Hammer und mit der ande-
ren ergriff er die Feuerzange."

Wenn uns die verwendete Sprache heute auch alter-
tümlich anmutet – die meisten von uns werden den
Text mit Vergnügen lesen und seine Schönheit empfinden können.

4.8 Figuren und Figurenkonstellation

Die Erzählung und der Roman leben von ihren **Figuren und deren Beziehung** zueinander.

Der Leser, der Erzählliteratur kauft, bringt ein Interesse für Charaktere, deren Entwicklung und Schicksal
mit. Der damit gegebenen Lesererwartung sollte der
Autor, wenn er Erfolg haben möchte, Rechnung tragen.

Herr und Frau Mustermann werden kaum das Interesse für sich wecken können, es sei denn, ein Meis-
ter der Erzählung setzt sie in Szene.

Charaktere sollten daher möglichst

- individuell
- glaubwürdig
- facettenreich
- und widersprüchlich

sein.

Dann sind sie *round characters*, die weder eindimensional noch langweilig, sondern schillernd (und nicht schwarz-weiß) gezeichnet sind – keine *Typen*.

Will man einen spannungsgeladenen Text produzieren – den die meisten Leser am liebsten lesen – sollte der Autor diesen Charakter in einen Konflikt hineinwerfen, der innerer oder äußerer Natur sein kann.

Dann gesellt man dem **Protagonisten einen Antagonisten** zu, einen Gegenspieler, der den Konflikt beflügelt.

Wichtig ist auch, dass der Protagonist im Laufe der Erzählung und vor allem des Romans eine Entwicklung durchlebt (oder seine Motive und Eigenschaften im Laufe der Erzählung aufgedeckt werden), dass er am Ende nicht mehr der gleiche wie am Anfang ist.

Vorab eine graphische Skizze aller Beziehungen und Interaktionen zwischen den ins Auge gefassten Figuren zu zeichnen, ist eine gute Idee.

Nebenfiguren gibt es auch; deren Zahl sollte nicht zu groß sein, sonst wird die Handlung schnell unübersichtlich.

In der (kürzeren) Erzählung ist es möglich, nur aus der Perspektive des Protagonisten in der Ich- oder der Er/Sie-Form zu erzählen. In der umfangreicheren Form des Romans wird es meist nötig sein, zwei oder mehr Figuren aus Innensicht zu schildern. Nur so kann die Breite des Geschehens geschaffen und die Ermüdung des Lesers vermieden werden.

4.9 Plot und Plotmodelle

Den Plot gibt es natürlich nicht. Eine Charakterstudie, ein Charakterroman wird eine andere Handlung als ein handlungsbetonter Roman benötigen. Die Reihe der unterschiedlichen Genres ließe sich fortsetzen, typische Elemente für jedes Genre isolieren. Das würde den Rahmen dieses Buches sprengen. Es lohnt jedoch, einiges Gemeinsame herauszufiltern.

Wer nicht nur für sich selbst schreibt, darf seine Leser vor allem nicht – langweilen!

Aber wie schafft man das?

Mit dieser Frage (und vielen anderen) hat man sich schon in der Antike beschäftigt. Die Lehren vom antiken Drama entstanden.

Ein **Textinhalt,** der beliebt werden soll, muss **dramatisch** sein! Für einen „Anfänger" im Schreibhandwerk genügt es, wenn er **einen Konflikt** (dieser kann innerer oder äußerer Natur sein), in den der Protagonist gerät, bearbeitet. Dies spannend zu tun, ist schon schwer genug! Späteren Versuchen mag es dann vorbehalten bleiben, Gesellschaftsschichten, Zeitepochen oder Entwicklungen von Geschlechtern in Szene zu setzen.

Einen interessanten **Handlung**sträger, den muss es also geben – einen Helden oder auch einen Antihelden (dem alles Heroische fehlt), einen oder mehrere

Gegenspieler, die ihm das Leben schwer machen, so dass der Leser mitzittern kann. Der Held sollte auf seine ganz eigene Weise sympathisch sein, sonst kann sich der Leser nicht mit ihm identifizieren, Mitzittern und -freuen fällt ins Wasser, die Erschütterung des Lesers und seine Erleichterung am Ende (so es denn ein Happyend gibt ...) bleibt aus. Wer einen spannenden Text schreiben will, gibt dem Leser die Möglichkeit zu emotionaler Teilnahme: Mitgefühl, Freude, Trauer, Angst. Anderenfalls bleibt der Text „akademisch" oder „blutleer".

Wie muss man schreiben, dass der Text über den dramatischen **Inhalt** hinaus auch **spannend** ist?

Träume, Vorahnungen, Visionen, Symbole, die auf die Zukunft verweisen, einzufügen[15], sind ein Mittel.

Ein Gestaltungstrick ist der **Cliffhanger**: Man lässt ein Kapitelende mit einer ungelösten Frage enden.

Ganz generell spannt man den Leser auf die Folter, man lässt Informationen nur tröpfchenweise heraus, dann will der Leser wissen, wie es weitergeht.

Und in welcher **Reihenfolge** soll der Autor die Geschehnisse erzählen? Beim Detektivroman beispielsweise beginnt die Handlung nahezu am Ende. Der Mord! Jetzt wird zurückverfolgt, in der Vergangenheit der Täter ausfindig gemacht. Am Ende dann die Auflösung des Rätsels: Der Täter wird gefunden und gefasst, der Mord ist aufgeklärt.

Zwei **grundsätzliche Möglichkeiten** gibt es also, wie man eine Handlung aufbauen kann:

---

[15] siehe Kapitel Zeitgestaltung: Vorgriff, Vorausdeutungen, Foreshadowing

Man lässt sie sich **sukzessiv** entwickeln oder man rollt das ganze Geschehen von hinten **analytisch** auf.

Als reine Formen existieren solche Texte jedoch kaum: Zum Beispiel schaut auch und gerade der **Entwicklungs**roman zurück und nach vorn, die **Analyse** von Motiv und Tat im Detektivroman hat daneben eine sich fortlaufend entwickelnde Handlung.

Nützlich ist die vorstehende Differenzierung[16] für den Schreiber trotzdem, sie macht Schwerpunktsetzungen bewusst.

Für den Leser entwickeln sich aus dieser Grundsatzentscheidung unterschiedliche Lesemotivationen:

- Das Ende wird vorweggenommen, bleibt aber zunächst **rätselhaft**. Der Leser will wissen, wie es dazu kam? Was führte zu diesem Ereignis? Wer steckt dahinter? Er will entschlüsseln. Wenn es dem Autor nicht gelingt, diese Motivation zu wecken, hat er den Leser schon auf den ersten Seiten verloren.

---

[16]In Langprosa (Roman)wird man am ehesten mit einer Vorgeschichte, der Exposition, beginnen. Die Voraussetzungen für die folgende Handlung, Schauplatz, Zeit, Figuren, Grundstimmung werden eingeführt. Dann geschieht etwas, das die Handlung in Bewegung setzt (der erste *narrative Haken*, im Drama nannte man es *erregendes Moment)*. Im Kurztext springt man oft unmittelbar ins Geschehen hinein. In der Kurzgeschichte mag ein Tag – ohne Vorgeschichte – repräsentativ für ein ganzes Leben sein.

- Die Handlung entwickelt sich. Wozu wird das Ganze noch führen, fragt sich der Leser. Er ist auf die Wendung, die Lösung (den Höhepunkt) gespannt, fiebert mit dem Protagonisten, leidet mit ihm.

Die **erzählte Zeit** kann kurz *(Ein Tag im Leben des Iwan Denissowitsch)* oder lang sein, Generationen *(Die Buddenbrooks)* oder gar Zeitalter *(Londinium)* überstreichen.

Kurz (Kurzgeschichte, Erzählung) oder lang (Roman, Saga) kann auch der belletristische Text selbst sein; von hundert bis tausend Seiten **Umfang** gibt es alles, mit eine knappen bis mittleren oder auch weit ausholenden **Erzählzeit**.

Es sollte in jedem Text möglichst um etwas gehen. Ob es für gute Literatur ausreichend ist, dass ein Mord aufgeklärt wird, kann man bezweifeln. Wird im Kriminalroman neben der Täter- auch Motivsuche sowie eine Analyse der Gesellschaft, in der die Tat stattgefunden hat, geliefert, entwickelt sich von Trivial- bis äußerst kunstvoller Literatur alles. Selbst Schiller beschäftigte sich mit dem Genre und lieferte in „Der Verbrecher aus verlorener Ehre" die Botschaft, die **Prämisse**[17], bereits im Titel mit.

Welche Schwerpunkte der Autor am Ende setzen wird, welche Entscheidungen er trifft — das hängt nicht zuletzt von seiner Schreibabsicht ab.

Will er

- unterhalten?

---

[17] Wer seine Ehre verloren hat, kann zum Verbrecher werden.

- informieren oder aufklären?
- belehren?
- aufrütteln oder motivieren?
- ...

Die Entscheidung ist wertfrei, sie muss einfach nur für den speziellen Text angemessen sein.

Fritz Gesing[18] unterscheidet **nach dem Inhalt hand-lungs**betonte und **charakter**bezogene[19] Plots, deren Grundmuster letztlich seit dreitausend Jahren be-stünden.

Eine Auswahl:

Beziehungsgeschichten, Suche, Reifegeschichten, innere und äußere Verwandlung, Aufstieg und Fall, Extremes und Exzessives, (Verbotene) Liebe, Rivalität, der Underdog...

5 Instrumentarium

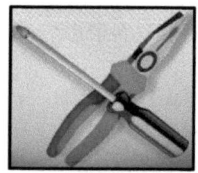

---

[18] Fritz Gesing, Kreativ schreiben. Handwerk und Tech-niken des Erzählens, Dumont 2004, S. 100ff.
[19] Betonung von äußerer bzw. innerer Handlung

Sammeln Sie zukünftig alle Pappen, die beim Herren-
hemd-Auspacken anfallen! Sie lassen sich wunderbar
für **Storyboards, Biographien** und **Soziogramme** gebrauchen, die man bei jedem Erzählprojekt anlegen
sollte.
Hilfreich sind auch Checklisten, die man kopiert und
für jedes neue Projekt abarbeitet – und ergänzt.

5.1 Storyboard

„Die Szenen eines Romans oder eines Romanprojekts
beschreibt eine **Szenenfolge**, manchmal auch **Storyboard**[20] genannt. So eine Szenenfolge ist nützlich,
weil sie eine Übersicht gibt, was wo passiert. ... Weil
sich auch der Spannungsbogen damit kontrollieren
lässt. Ruhige Szenen sollen sich mit Action abwech-
seln, nach aufregenden Verfolgungsjagden soll der
Leser in einer Liebesszene entspannen können. Wer
will, kann den Szenenplan auch grafisch kontrollieren:
Liebe rot, Action gelb, Dialoge blau. So lässt sich
leichter überprüfen, ob für genügend Abwechslung
gesorgt ist."[21]
Für die Anfertigung eines Storyboards können Sie
jede beliebige Erzählung, jeden Roman, auch jedes
Drama benutzen. Auch eine Inhaltsangabe, aus dem
Netz gezogen, erfüllt dafür ihren Zweck.

---

[20] Hervorhebung und Auslassung vom Verfasser.
[21] Hans Peter Roentgen, Drei Seiten für ein Exposé,
Sieben Verlag 2010, S.44

Füllen Sie die folgenden Elemente des gewählten Textes in der Vorlage aus!

Titel

_____

Autor

_____

Erscheinungsdatum

_____

Schauplatz/Schauplätze

_____

_____

_____

_____

_____

_____

_____

_____

_____

_____

_____

Erzählte Zeit

_____

_____

_____

_____

_____

Protagonist

_____

_____

_____

_____

Antagonist(en)

_____

_____

_____

_____

Handlung (in Stichworten) in der Reihenfolge des
Geschehens

_____

_____

_____

_____

_____

_____

_____

_____

_____

_____

_____

_____

_____

_____

_____

_____

_____

_____

_____

_____

_____

_____

_____

_____

_____

_____

_____

_____

Thema

_____

_____

_____

_____

_____

_____

Prämisse (Botschaft des Textes)

_____

_____

_____

_____

Benutzen Sie die Schauplätze und den Handlungs-verlauf für die Erstellung des Storyboards.

5.2 Biographie und Soziogramm

Fertigen Sie zunächst eine *Liste aller Personen* in Ihrer Handlung an. Versehen Sie diese Liste mit biographischen Angaben zu jeder Person. Protagonisten und Antagonisten sollten natürlich die meisten Angaben erhalten (können). Sie stehen im Zentrum Ihres Plots.

Schreiben Sie eine *Biographie* Ihres Helden und seines Gegenspielers.

- Wie sieht er/sie aus?
- Geburtsort, Elternhaus, Ausbildung, Familie, Beruf
- Welche Lebensstationen haben ihn/sie geprägt?
- Was sind seine Auffassungen?
- Auf welche inneren oder äußeren Konflikte stößt er/sie?
- ...

Erst, wenn Sie Ihre Charaktere in- und auswendig kennen, werden Sie dem Leser begreiflich machen können, warum die Handlung so und nicht anders ablaufen kann/konnte.

Hilfreich ist auch die graphische Darstellung des Beziehungsgefüges der handelnden Charaktere der Erzählung/ des Romans, des *Soziogramms*.[22]

Im Mittelpunkt steht Held oder Heldin.

---

[22] Der Einfachheit halber wird der Begriff hier aus der Soziometrie entlehnt.

- Hat er/sie überhaupt einen Antagonisten, einen oder mehrere Gegenspieler?
- Wie viele Nebenfiguren gibt es? Sind manche davon vielleicht verzichtbar? Welche Rolle spielen sie in dem Konflikt, welche Steine legen sie dem Helden/der Heldin in den Weg?
- ...

Setzen Sie den Protagonisten und den Antagonisten in die Mitte Ihres Blattes, zeichnen Sie Pfeile zu den Nebenfiguren, die Sie mit den Beziehungselementen beschriften!

Storyboard, **Biographien** und das **Soziogramm** können helfen, für ihren Text eine sinnvolle und für den Leser attraktive *Orchestrierung* zu erreichen.

6 Literarische Qualität?

Gibt es überhaupt eine **objektive** literarische Qualität?

Über diese Frage existiert eine breite wissenschaftliche Debatte – die in einem Buch für Erstlingsautoren und Selfpublisher nicht aufgenommen werden soll.

Was es durchaus gibt, ist ein (Minimal)Konsensus über **handwerkliche „Fehler"**[23] im kreativen[24] Schreiben.

Und ein paar **Grundsätze:**

- **"Show, don't tell."**

„Bella **ist** schön." **Tell.**

„Bella, das Mädchen mit dem sprechenden Namen. Sie trug ihn zu Recht. Jedes Mal, wenn ich mit ihr einen Raum betrat, verstummte das Gespräch. Sie war schlank, so schlank, dass man glauben konnte, sie schwebe mehr als dass sie laufe. Natürlich wurde dieser Eindruck auch durch mich nicht unerheblich unterstützt. Wer mit fünfundsiebzig Kilo neben einer Elfe dahintrampelt, erhöht beträchtlich deren Schönheitswert." **Show**

- **„Keine Lieblingsbabies!"**

Nicht nur in Texten sollte man mit der **Wiederholung einzelner Worte, Phrasen oder Inhalte** vorsichtig sein. Man kennt es aus der Werbung: Was beim ersten Mal noch lustig oder interessant erscheint, löst bei ständiger Wiederholung **Reaktanz** beim Zuschauer oder Zuhörer aus. Er fühlt sich genervt, so wie der Mitmensch, der die Marotte eines Zeitgenossen immerwährend ertragen muss.

- **„Der erhobene Zeigefinger oder lieber betäuben als belehren?"**

---

[23] Siehe unter 6.1.

[24] Was **generell** als schlechter Stil angesehen wird, gilt nicht unbedingt gleichermaßen für den Journalisten, den Sachbuchautoren oder Belletristik-Schreiber.

Die meisten Autoren schreiben (auch) mit einer didaktischen Absicht.[25] Viele Leser wollen sich aber nicht belehren lassen, denn Schule, Ausbildungsort oder Universität haben sie, dem Himmel sei Dank, hinter sich! Wenn Sie also im weitesten Sinne engagierte Literatur schreiben wollen – verstecken Sie Ihre Absichten gut! Vermeiden Sie Erzähler-Kommentare, legen Sie Ihren Figuren Ihre Gedanken in den Mund. Und zwar nur wohl dosiert, nicht alles auf einmal, sonst spürt der Leser die Absicht und ist verstimmt. Am besten: Wenn der Ablauf des Geschehens, der Plot, Ihren verschleierten Absichten entspricht, haben Sie die Botschaft *gezeigt*.

- **„Schreiben mit allen Sinnen"**

Texte aus dem Bereich der *schönen Literatur* sollen *ästhetisch* sein. Was literarisch schön ist, findet sich in der/den Poetik(en) beschrieben. Ganz allgemein: Literatur soll ein Mitschwingen des Menschen ermöglichen. Da der Mensch mit allen Sinnen empfindet, müssen diese angesprochen werden.

Beispiel

*„Heiner hatte ihn gefragt. Nach Dorothea, wie es ihr gehe, ob sie verheiratet sei, ob sie Kinder habe, welchen Beruf sie ergriffen habe und so fort. Heiner wusste also nicht, dass Dorothea tot war. Ihren Namen zu hören, das hatte alles in ihm wachgerufen. Den **Duft ihres Haares, ihre Stimme, ihr Lachen, wie sie ihm die Hand auf den Arm legte, ihre Küsse.** Der*

---

[25] Wer wirklich **nur** unterhalten wollte, hätte keinerlei Botschaft, es ginge buchstäblich um gar nichts.

versteinerte Schmerz war wieder aufgebrochen, so, als wären nicht Jahre um Jahre schon vergangen.“
Was den **literarischen Geschmack** betrifft, darüber lässt sich bekanntermaßen trefflich streiten.
„Was gefällt, ist erlaubt?“.
So manches Buch, das die Literaturkritik verrissen hat, ist zum Bestseller geworden …

6.1 Wenn's nicht sitzt …

Wer sich bei einer Abendeinladung in der Wahl seines Kleidungsstücks vergreift, hat's gut. Zwar zerreißen sich vielleicht ein paar Klatschbasen in den folgenden Tagen das Maul darüber – aber es dauert nicht lange, und dann ist das Ganze vergessen. Texte hingegen überdauern. Was Sie einmal falsch gemacht haben, ist sozusagen für die Ewigkeit in Papier gemeißelt. Man kann Ihnen Ihre Fehler bis an Ihr mehr oder weniger seliges Ende um die Ohren hauen …

6.1.1 Der Titel

- Rosalinde Stuhlmeier hat einen Detektivroman geschrieben. Schon lange brütet sie über dem **Titel**, verwirft den alten, kreiert einen neuen. Endlich!
  „Wie Harry Cruk Sieglinde Siebenschön umgebracht hat“, dafür entscheidet sie sich.
  Man kann zwar für Rosalinde froh sein, dass das Brüten nun ein Ende hat. Da der gefun-

dene Titel jedoch bereits die Lösung, nämlich den Täter, verrät, hätte sie sich auch die Mühe des Roman-Schreibens schenken können. Der Leser weiß bereits alles, den Roman noch zu lesen, ist überflüssig.

Ein Titel soll andeuten, neugierig machen, aber niemals zu viel verraten.

- *„Von der Liebe"*, so will Detlef Diemel seinen Roman nennen. Ist er gut beraten?
  Zunächst sollte er bei einem solch allgemeinen Titel recherchieren: **Gibt es ihn schon?**

Manfred Plinke schreibt dazu in seinem „Autorenmagazin" – unter Hinweis, dass diese Angaben nicht rechtsverbindlich seien (30.10.2017; 7.48 Uhr)[26]:

„Titel, Domain, Marke
Ist der Buchtitel schutzfähig? Bei allgemeinen, sogenannten schwachen Titeln wie „Das Gartenbuch" für einen Gartenratgeber, ist ein Titelschutz ausgeschlossen. Der Titel muss unterscheidungskräftig sein – ein lediglich inhaltsbeschreibender Name, eine Gattungsbezeichnung ist nicht schutzfähig. Was nicht heißen soll, dass so ein Titel für das entsprechende Buch nicht genau der richtige ist, nur lässt sich dafür kein Exklusivitätsanspruch durchsetzen. Ob ein Titel bereits vergeben ist, sollte man schon aus eigenen Marketinginteressen prüfen.

---

[26] Hervorhebungen, geringfügige formale Korrekturen sowie einige Kürzungen vom Verfasser dieses Textes.

Recherchieren Sie, ob der geplante Titel frei ist. Sie können die bereits veröffentlichten oder angemeldeten Titel im Verzeichnis lieferbarer Bücher nachschlagen:
VLB-Buchhandel

im Börsenblatt für den deutschen Buchhandel Titelschutzanzeigen der zurückliegenden sechs Monate recherchieren:
Titelschutzanzeigen

oder in der Datenbank der Nationalbibliothek suchen:
Suche in der NB

Gleichzeitig sollten Sie prüfen, ob der Titel (und Ihr geplanter Verlagsname) noch als Domain frei ist, z.B. unter der deutschen Datenbank für alle .de-Domains:
Denic-Domains

Im Börsenblatt für den deutschen Buchhandel werden regelmäßig Titelschutzanzeigen veröffentlicht. Sie können in der Datenbank des Börsenblatts die Anzeigen der **zurückliegenden sechs Monate** recherchieren: **Börsenblatt-Titelschutzanzeigen**"

Detlef Diemels Titel *„Von der Liebe"* weist aber noch weitere Schwachpunkte auf.

- Da er sehr allgemein formuliert ist, erwartet der Leser u.U., dass die ganze Bandbreite der Liebe behandelt wird. Möglicherweise hat Detlef Diemel aber nur über die Liebe zu seinem Zwergkaninchen geschrieben.

- Oder die siebzigjährige Frau Odenwald sieht sich beim Lesen plötzlich mit der Liebe des Protagonisten zu einem Gartenstuhl konfrontiert, ein Leseerlebnis, das ihr ganzes Weltbild nachhaltig zerstören kann.

Langer Rede kurzer Sinn: Ein Titel darf nicht zu viel versprechen. Er darf den Leser in keiner Weise auf eine falsche Fährte locken – auch wenn es darüber hinaus den Klappentext für die Information des Lesers gibt ...

6.1.2 Namen sind Schall und Rauch?

In der Wirklichkeit mag dies (manchmal) gelten: Wir begegnen einer wunderschönen Frau. Und sie heißt Kunigunde Knoblauch!

Wir sind wohl nur am Anfang etwas irritiert ob des Auseinanderfallens von Bild und Bezeichnung. Ist Kunigunde auch noch nett, klug und sympathisch, haben wir den Namen bald vergessen.

Bei unserem Erzähltext sollten wir uns auf solche Mechanismen nicht verlassen und die Wahl der Namen sorgfältig abwägen.

- Gab es diesen (Vor)Namen in der erzählten Zeit überhaupt schon? „Kevin" im Mittelalter wäre ungewöhnlich!

- Passt der Name zum Wesen des Protagonisten? „Fritz Knopp" für einen blendend aussehenden, dreißigjährigen internationalen Playboy?

- Passt er zum Alter des Charakters? Der Name „Erna" für einen sechzehnjährigen Teenager in einer heute spielenden Handlung wäre etwas befremdlich.
- Gibt es reale Personen dieses Vor- + Nachnamens? Könnten sich diese Personen in ihren Persönlichkeitsrechten beeinträchtigt fühlen, weil mein Charakter ihnen in Biographie oder Wesen entspricht? Man sollte also beispielsweise vorsichtig sein, eine Protagonistin Helene Fischer zu nennen ...
- Namen bieten dem Autor auch ungeahnte Möglichkeiten der Andeutung! *Nomen est Omen*, den Spruch haben wir natürlich noch nicht vergessen. Man kann fremdsprachliche Namen eindeutschen, so dass sie dem Wesen des Charakters entsprechen: Hugo Smaartcock (ein kluger Hahn!).

  Oder wir nutzen bewusst Konnotationen: Die (wehrhafte) Brünhilde oder den (verschlagenen) Hagen (aus dem Nibelungenlied). Die (schöne) Helena (aus der Sage von Troja). Dabei sollte man abschätzen, ob die jeweilige Zielgruppe die Andeutungen überhaupt versteht. Wenn ich nicht voraussetzen kann, dass meine Leser die Eindeutschungen oder das Rekurrieren auf Bildungsinhalte erkennen – laufen die schönsten Namensgebungen ins Leere.

Namen zu finden, die den Charakter in seinem Wesen erfassen (traditionsgemäß als **sprechende Namen** bezeichnet), ist dennoch ein sinnvolles Unterfangen ...

6.1.3 Monologe und Dialoge

Der **Monolog** ist ein Selbstgespräch, **Dialoge** sind Unterhaltungen zwischen zwei und mehr Personen. In Erzählliteratur ist der Einbau, insbesondere von Dialogen, in sogenannte Halbszenen, die mit beschreibenden Elementen angereichert werden, der üblichere.

> *„Der Mensch ist, was er spricht."*
> *"Language makes the man",*
> sagt man in Großbritannien.

Deshalb muss jeder Autor bei der Komposition seiner Dialoge auf die Authentizität für die speziellen Charaktere achten. Was passt zu meinem Charakter? Wie würde eine solche Person in der Realität sprechen?

Eine alte Frau benutzt **normalerweise** keine Jugendsprache, die Sprache eines eloquenten und belesenen Akademikers unterscheidet sich von der Sprache eines Mafiosi oder eines Obdachlosen. Aber: Natürlich kann unangemessene Sprache ein bewusstes Stilmittel zur Verfremdung, Ironisierung, ein komödiantisches Element werden – aber dies darf nicht unfreiwillig sein, weil man es nicht besser weiß. Solche Wirkungen muss man planen und gezielt einsetzen.

Wer (s)einen Charakter Mundart sprechen lassen will, sollte vorher bedenken, dass dann meist das angestrebte Verbreitungsgebiet des Textes begrenzt sein wird. Ausnahmen hiervon gibt es natürlich: Manche Leser lieben Sächsisch, Bayrisch, Württembergisch – und würden gerade deshalb ein Buch erwerben.

Gibt es einen Ich-Erzähler im Text, so dient sein Monolog dem Offenlegen seiner Gedanken und Gefühle. Der **innere Monolog** entsteht, wenn der Erzähler beiseitetritt, nicht mehr anwesend ist.

Also nicht:

Ich wollte nachdenken, ob ich fliehen sollte. Ich wusste aber nicht, wohin?

Sondern eher:

Sollte ich fliehen? Wohin aber?

Der Vergleich beider Erzählweisen offenbart die größere Nähe, stärkere Intimität von Leser und Charakter, die der innere Monolog ermöglicht. Die Identifikation des Lesers mit der Figur wird erhöht, das Erzählte spricht die Gefühle des Lesers an – es wird spannender!

Hat der Autor die Er-/Sie-Perspektive gewählt, so stellt er die Gedanken und Gefühle seines Charakters meist in **erlebter Rede** dar.

Also eher nicht:

Er musste nachdenken, ob er fliehen sollte. Er wusste aber nicht, wohin?

Sondern:

Sollte er fliehen? Aber wohin?

Wenn der Monolog zum durchgängigen Erzählelement wird, entstehen Brief- und Tagebuchroman.

Dialoge sind (meist)

- Momente der Spannung,
- der Auseinandersetzung

- oder der Innigkeit.

Wer als Autor diese Dialoge benutzt, um **Info-Dumping**[27] (das Abladen von vielleicht durchaus notwendigen Informationen) zu betreiben, enttäuscht seine Leser. Info-Dumping ist ohnehin heikel, rückt den Text in die Nähe (langweiliger) Lehrdichtung. Besser ist die tröpfchenweise Injektion von Informationen; dann erhält der Leser Gelegenheit zur Vermutung, zum Mitdenken, er ist gespannt, wie es weitergehen wird, was sich hinter dem Gesagten noch verbergen mag: Er arbeitet mit!

6.2 Der Schauplatz

Für den Erfolg eines Erstlings ist die Wahl des Schauplatzes nicht selten das Erfolgskriterium Nummer eins. Der unbekannte Autor – meist ohne den Hintergrund und die Unterstützung eines Verlages – hat als Gipfel der Aufmerksamkeit die Chance auf Erwähnung in der lokalen Zeitung. Wenn er seinen Erzähltext in der Heimat angesiedelt hat, kann er mit einigem Interesse rechnen. So mancher Erdenbewohner möchte seine Umgebung gern als Staffage für einen Plot sehen. Der lokale Autor hat die Chance, sich ein eigenes – wenn auch begrenztes – Lesepublikum zu

---

[27] Ähnliches gab es aber auch schon im antiken Theater, die *Teichoskopie, die Mauerschau:* Einige Figuren stehen auf der Stadtmauer, sehen das heranrückende Heer. Jetzt gilt es erst einmal, alle Informationen zu den verschiedenen Helden an den Mann zu bringen.

erarbeiten. Wer als lokaler Autor ohne einen Verlag im Rücken für die große Welt schreibt, hat hingegen schlechte Karten!

Beliebte Gegenden machen beliebte Bücher! Wer kennt nicht die Taunus-, Eifel-, Barcelona- oder Tel Aviv-Krimis? Auch der Alpenroman und ganz generell der Heimat-Roman ist populär.

Das Gegenteil, das in die Ferne-Schweifen, mag ebenfalls zur Erfolgsstrategie werden: Asien-Romane, die auch noch fremde Denk- und Glaubenswelten präsentieren können, boomen!

Unterschiedliche Schauplätze finden sich aber auch in verschiedenen Gesellschaftsschichten. In der Trivialliteratur vergangener Jahrhunderte waren dies die adligen Kreise, dann das Großbürgertum, gefolgt von Arzt- und Millionärs-Romanen.

Ob der eigene Erzähltext die Welt der Frauen oder der Männer aufgreift, ob er in der Erlebniswelt von Kindern oder Jugendlichen angesiedelt ist – ob es ein Schauplatz der Vergangenheit, Gegenwart oder Zukunft ist, das alles sind Entscheidungen, die der Autor vor der ersten Zeile trifft.

Was man am besten kennt, worüber man am meisten weiß – darüber kann man am besten schreiben.

6.3 Die Zeit

Die erzählte Zeit schafft unterschiedliche Genres mit unterschiedlichen Anforderungen an den Autor. Siedelt man seinen erzählenden Text in der Jetztzeit an, so gibt es zwei Vorteile: Der Autor verfügt über die

Kenntnis seiner unmittelbaren und weiteren Umgebung. Er kennt Politik, Gesellschaft, Literatur, Geistesströmungen usw. und sein Leser kennt diese auch. Andeutungen, Wortspiele, Ironie, all das wird verstanden.

Will man hingegen über die Vergangenheit oder Zukunft erzählen – müssen all diese Kenntnisse zunächst vom Autor erworben und dann dem Leser auch noch in geeigneter Form präsentiert werden. Eine historisch-dokumentarische Erzählung oder einen historischen Roman zu verfassen, Science Fiction oder Utopien/Dystopien zu schreiben – setzt beim Autor gigantischen Fleiß, Geduld und Präzision voraus. Denn nichts ist schlimmer als eine schlecht und fehlerhaft recherchierte Geschichte, in der der Leser faktische Fehler entdeckt!

6.4 Der Protagonist

Wer mein Held sein soll – bei dieser Entscheidung ist Nachdenken gefordert! Was interessiert Leser?

Herr und Frau Mustermann, Lieschen Müller oder Arno Meier? Die werden die meisten Leser eher nicht vom Hocker reißen. Soll's also etwas Besonderes sein? Einen Mörder als „Helden" beispielsweise?

Warum sind true crime stories heute so erfolgreich? Man lernt einen Täter kennen, ergründet die Motive des Bösen, aus der Distanz jedoch. Dort der Täter, hier das unversehrte, nur interessierte, letztlich unbeteiligte Ich.

Fiktion hat etwas andere Gesetze. Ein Roman, in dem der Protagonist auf der ganzen Lesestrecke wegen seines Charakters und seiner Untaten abgelehnt wird, funktioniert nicht. Im Laufe des Lesens wird oder „muss" sich der Leser mit dem Protagonisten identifizieren. Truman Capote wagte in „Kaltblütig" den Schritt: Seine „Helden" sind zwei Mörder. Für einen Anfänger im Schreibhandwerk dürfte es empfehlenswerter sein, eine Figur auszuwählen, die die Sympathien des Lesers leichter auf sich zieht.

Im Kriminalroman gelingt das üblicherweise. Hier der (meist) anständige, ehrenhafte, der Wahrheit verpflichtete Detektiv, auf der anderen Seite der Antagonist, der verschlagene Täter, der einen Mord auf sich geladen hat, nun gejagt und überführt werden muss, damit die (poetische) Gerechtigkeit siegen kann.

Ob man den Protagonisten so auswählen sollte, dass sein Schicksal eine (erhebliche) **„Fallhöhe"** ermöglicht?

In früheren Jahrhunderten noch war man der Auffassung, dass nur Adlige so tief stürzen könnten, dass sie in einer Tragödie als Charaktere geeignet seien. Sie stürzten in tragischem Schicksal genügend tief, ihre Fallhöhe war ausreichend! Für die Gegenwart gelten solche Vorschriften natürlich nicht mehr. Bedenken sollte man trotzdem – falls man einen spannenden Text schreiben möchte –, dass ein Konflikt umso dramatischer, ein Schicksal umso tragischer ist, je tiefer Held oder Heldin stürzen! Ein Wall Street Banker, der sich irgendwann bei den Obdachlosen wiederfindet. Eine berühmte Schauspielerin oder Sänge-

rin, die irgendwann unter den Betten putzt und so
fort …

6.5 Der Antagonist

Der Mensch wächst mit seinen Aufgaben, das gilt
auch für meine Figuren! Gestalte ich den Antagonisten blass, schwach, kann sich der Protagonist nicht an
ihm abarbeiten, sich mit ihm messen, der Konflikt
verliert an Fahrt, bevor er diese aufgenommen hat.
Antagonisten müssen also starke Figuren sein, die
den Protagonisten in Frage stellen. Sie spiegeln seine
Entscheidungen, sie hinterfragen mit dem Leser seine
Motive, sie gefährden seinen Weg – der Antagonist
gibt dem Protagonisten Tiefe!

6.6 Klein – aber ojeh …

Kleine Ursache – große Wirkung.
Im Folgenden sollen „Kleinigkeiten" aufgegriffen
werden, die die Suppe, unseren Text, versalzen können.

6.6.1 Das falsche Wort

**Anachronismus, Archaismus, Cliché , fremdsprachli-
che Ausdrücke, Fremdwörter, Modewörter, Neolo-
gismus, Unwörter …** – wer schreibt, kann eine Menge Fehler machen.

Die Charakterisierung einer Figur durch Sprachverhalten kann natürlich all diese an sich wenig empfehlenswerten Wörter enthalten:

- der Nervtöter, der ständig seine Lieblingsbabies wiederholt
- der Dandy, der sich mit Anglizismen schmückt
- der Wissenschaftler, der seine Bildung beweisen will
- der Teenager, der cool seine Jugendsprache zelebriert ...

Wichtig ist, dass die **Erzählstimme** solche Wörter vermeidet. Das kann der **personale Erzähler** sein, durch dessen Augen wir Landschaften, Menschen, Begebenheiten sehen. Auch das **camera eye**, das uns sozusagen objektiv Zustände und Plätze schildert, sollte von der Verwendung Abstand nehmen. Beim **Ich-** und dem **allwissenden Erzähler** ist ebenso Vorsicht geboten – da sie selbst aber auch Figur sind, mag es manchmal zur Charakterisierung beitragen. Die Gefahr besteht allerdings, dass der Leser abgestoßen wird, die Identifikation misslingt, so dass der Text nicht funktioniert.

Anachronismus

- was nicht in die Zeit passt
*(Er gab der Wirtin gerade auf **Heller und Batzen** heraus, als sein Mobiltelefon **läutete**.)*

Archaismus

- Rückgriff auf veraltete Wörter, Stile und Sprachformen
(Herr Appeldorn hatte nie geheiratet, im Laufe der Jahrzehnte hatten sich eine Menge Eigenhei-

*ten eingestellt und so fiel er bei den jedes Jahr zu Ostern stattfindenden Klassentreffen zunehmend als merkwürdiger **Hagestolz** auf.)*

Cliché

- abgegriffene, allzu übliche Wörter und Phrasen

*(Sie war **lieblich wie eine Rose**, ihre Haut war **weiß wie Schnee**, sie zitterte wie **Espenlaub**.)*

Fremdwörter

- gehören eher in die Bereiche von Kognition und logischem Denken; eine (breite) Verwendung dieser Worte zerstört die Imagination

Beispiel 1

*Harry hatte Lilo für den Donnerstag der gleichen Woche zu sich nachhause eingeladen. Am Mittwochabend würde er ein **Gourmet**menü **präparieren**, am Donnerstagmorgen den Rotwein vor**degustieren**, für den Donnerstagnachmittag war ein Besuch beim **Pater** Sonnenschein eingeplant. Harry erhoffte sich dort **Dispens** für seine sündigen Abendgedanken.[28]*

Beispiel 2

Die Berge, die noch vor kurzem weiße Hauben getragen hatten, waren jetzt in graugrünfarbige

---

[28] Schauen wir in den Kopf einer Figur, so gehört die Verwendung von Fremdwörtern vielleicht zu dessen Charakter und Charakterisierung – sie stört uns nicht, sie zerstört nicht die Imagination.

72

*Hügel **metamorphiert**. Die **Diminution** lag bei **circa** zwei **Tertialen**.*[29]

fremdsprachliche Ausdrücke

- Wörter, die aus anderen Sprachen[30] stammen (Lehnwörter) und noch als solche erkennbar oder auch nicht mehr erkennbar sind (Theater, Tafel, Blazer, Parfum). Wenn das Einwandern von Wörtern nur kurz zurückliegt (was vor allem bei Anglizismen der Fall ist), empfinden wir sie noch als fremdsprachlich. Sie können die Imagination stören. Man sollte prüfen, ob das deutsche Synonym besser ist.

Beispiel
*Nick und Richard sind internationale **Playboys**/Spieljungen. Nicht, dass sie besonders **attraktiv**/gutaussehend wären. Aber durch**gestylt**/mit speziellem Stil versehen, vom **Shirt**/Hemd bis zum Edel**sneaker**/ Edelsportschuh, das sind sie beide. Und das Wichtigste: Ihre **Portemonnaies**/Geldbeutel sind **permanent**/immerwährend prall gefüllt.)*

---

[29] Will der Leser durch die Erzählstimme (sei sie personal, ein Ich- oder ein allwissender Erzähler) auf Landschaften, Begebenheiten, Figuren schauen, so möchte er diese genießen; „falsche Wörter" würden dort die Imagination zerstören, Genuss und entspanntes Ausruhen unmöglich machen.

[30] Ihr Ursprung – griechisch, lateinisch, englisch, französisch – ist uns meist nicht mehr bewusst.

Modewörter

- Wörter und Ausdrücke, die in bestimmten Zeitepochen häufig verwendet werden, oft auch ihren Ursprung in anderen Sprachen haben

  Beispiel

  *Julia Milton ist **It-Girl**. Echt **posh, ey,** mehr oder weniger Konsens. **Gepampert** und **gepimpt,** das allerdings denkt Annerose Müll.*

Unwörter

- Begriffe, die häufig verwendet werden, aber für Ideen oder Personen(gruppen) verletzend sind , meist Neuschöpfungen aus zusammengesetzten Nomen

  (Volksverräter, Gutmensch, Lügenpresse, Sozialtourismus, Opfer-Abo, Döner-Morde, alternativlos ...)

6.6.2 Der falsche Ton

„Oh Amor, du schicktest deine Pfeile, sie trafen die Liebenden mitten in ihr verwundetes Herz!

Sie waren schon eine ganze Weile am Seeufer entlang geschlendert. Nun blieb er plötzlich stehen, fasste ihre zarten Schultern und blickte tief in ihre grün schimmernden Augen. ,Ich habe dich immer geliebt. Schon, als wir noch Kinder waren und im Sandkasten Kuchen backten. Willst du meine Frau werden?'

Er fiel vor ihr auf die Knie und holte aus seiner Hosentasche ein Kästchen. Auf dem blutroten Samt im Inneren steckte in mädchenhafter Reinheit ein glitzernder

Ring mit einem teuren Brillanten. Er ergriff ihre schmale Hand und steckte den funkelnden Ring an ihren Finger. Ihre wunderschönen Augen leuchteten. Er nahm sie in seine starken Arme und küsste sie leidenschaftlich.

Und wenn sie nicht gestorben sind, dann küssen sie noch heute ... "

Pathetisch, kitschig, trivial, kriecherisch, obszön, modernistisch ... – die Liste misstöniger Schreibweisen ließe sich fortsetzen.

Zum falschen Wort kommt der „falsche" Inhalt: Phrasen und Textinhalte werden zu Versatzstücken, für den Leser vorhersehbar. Ganze Plots können Mustern gehorchen. Manchmal allerdings sind gerade solche Bücher erfolgreich ...

Mancher Autor schreibt **nach dem Zeitgeist**, greift Thematiken auf, die gerade „in" sind. Wenn viele Autoren auf den fahrenden Zug aufspringen, empfinden die Leser die Absicht und sind verstimmt. Selbst große Autoren können peinlich wirken, weil sie sich zu sehr vor dem Mainstream verneigen oder zu modern (modernistisch) sein wollen.

Was ist noch Kunst – und was ist schon **Pornographie**? Wann wird der Tabubruch zu groß?

Vor allem jene Autoren, in deren Texten die Sexualität und ihre Beschreibung einen breiten Raum einnehmen[31], müssen sich diese Frage immer wieder stellen. Heute muss man allerdings in den wenigsten Fällen befürchten, noch verboten zu werden. Die

---

[31] Bei Gewaltdarstellung muss man nicht ganz so vorsichtig sein ...

Grenzen für das Wort sind weit gesteckt. Aber man will auch seinen Enkeln später nicht die eigenen Texte verschweigen müssen ...

6.6.3 Das falsche Ende?

Gibt es das überhaupt?
Je nachdem, wen man fragt, ja.
Viele Leser bevorzugen das *happy end*. Wer liest, will sich vor allem entspannen. Die Wirklichkeit ist schon schlimm und anstrengend genug. Wer will Verstand und Gefühl dann noch mit dem Versagen oder gar Tod von Protagonist oder Protagonistin belasten. Denn das Ende eines Romans oder einer Erzählung kann uns durchaus tagelang im Kopf herum gehen.
Die Literaturkritik findet das happy end eher kitschig, trivial. Zugegeben: Das Leben endet in Wirklichkeit stets traurig, mit einem *sad end* – dem unausweichlichen Finale des dritten Lebensakts. Wenn Sie Ihr erstes Buch schreiben und selbst veröffentlichen wollen, müssen Sie sich um die Literaturkritiker aber nicht kümmern. Man wird Sie sowieso nicht zur Kenntnis nehmen, Ihr Buch und Sie existieren nicht.
Wäre da noch das *open end* – eine schöne Alternative für jeden Autor. Man legt sich nicht fest, man legt nur etwas nahe. Den finalen Schluss setzt der Leser selbst mit seiner Phantasie.

6.6.4 Das falsche Sprachniveau

Auch heute noch erwarten die meisten Leser, dass ein geschriebener Text vorbildlich ist, dass er einem hohen Sprachniveau entspricht. Das gilt nicht unbedingt für die Sprache der einzelnen Figuren; da kann nachlässiger Sprachgebrauch zur Charakterisierung gehören. Bei der *Erzählstimme* ist auch heute noch Sorgfalt geboten, Standardsprache (bzw. Schriftsprache) ist vor Umgangssprache unbedingt der Vorzug zu geben.

- korrekter Gebrauch des Genitiv*s* (das modern gewordene Weglassen des Genitiv-s ist nach wie vor umstritten)
- vollständige Wörter statt Abkürzungen
  hinauf statt rauf, *hinunter* statt runter, *eine* statt 'ne, *Brillant* statt Brilli, *Hast du* statt haste …
- *tun* statt machen
- keine Dialekt- und Soziolekt-Ausdrücke
  Marlene Dietrichs Song mit dem Dialektgeprägten Titel „*Ich hab noch einen Koffer in Berlin zu stehen*" wäre wohl kaum erfolgreich gewesen …[32]
  Und der Buchtitel „*Glanz und Elend der Nutten*" statt „Glanz und Elend der Kurtisanen" – das wäre der deutschen Ausgabe von Honoré de Balzac wohl auch schlecht bekommen …

[32] Siehe bei Bastian Sick, Der Dativ ist dem Genitiv sein Tod, Folge 4-6, Kiepenheuer und Witsch, 1. Auflage 2016, S. 138ff.

6.6.5 Gibt es ihn – den guten Stil?

Wer es genau wissen will und sich überzeugen lässt, muss sich mit Stilistik und deren Teilgebiet, der Stillehre beschäftigen. Dort sind Antworten zu finden, was „gutes Deutsch" ist und welche Lösungen große Dichter gefunden haben. Für die Zwecke dieses Buches mag es genügen, im Folgenden einige wenige (relativ) unstrittige Aussagen über „schlechten" Stil aufzulisten.[33]

- **Verb statt Nomen![34]**

  Die häufige Verwendung von Nomen und vor allem abgeleiteten[35] oder zusammengesetzten[36] Substantiven gehört mehr in die Fachsprachen. In journalistischen und literarischen Texten sind sie eher verpönt.

  Beispiel 1: zusammengesetzte Substantive

  „Er sah sie an jenem verhängnisvollen Freitag zum ersten Mal bei Tageslicht. Die Make-up-fehler-stellen, die die mitternächtliche Dunkelheits-gnade verhüllt hatte, trafen ihn wie ein Keulen-schlags-gewitter-inferno …"

---

[33] Siehe noch einmal 6.6.1, 6.6.2 und 6.6.4.

[34] Siehe z.B. bei Wolf Schneider, Deutsch für Profis, Goldmann, 18. Auflage 2001

[35] Ableitung, z.B. Nomen aus Verb:
arbeit(en) +Nachsilbe=Arbei*ter*; arbeit(en)+Vorsilbe und +Nachsilbe=*Be*arbeit*ung*. Besonders unbeliebt sind Ableitungen mit- *ung,- heit,- nis*.

[36] Tee-wärm-vorrichtung, Computer-tisch-stütze, Literatur-beobachtungs-früh-warn-system …

Beispiel 2: abgeleitete Nomen

„Sie spürte an jenem Freitagmorgen seine Betrübnis, seine Verwirrtheit, seine Verzweiflung. Was hätte sie denn tun sollen? Die Rohrleitung hatte heute Morgen kein kühlendes Reinigungsmittel in Form von Wasser gespendet und so waren ihre Augenwimpern der äußersten Verklebung und ultimativen Verschmierung anheimgefallen."

- **Verb statt Verb + Adjektiv (oder Partizip)!**
  Beispiel
  *„Er liebt mich", **sagte** sie **leise** und machte die Augen zu, um sich **träumend** an ihn **erinnern** zu können."*
  Stattdessen ...
  *„Er liebt mich", **flüsterte** sie und schloss die Augen, um von ihm zu **träumen."***

- **Partizipien werden zu häufig verwendet**
  Partizip Präsens
  träum-en/träum-end
  Partizip Perfekt
  laufen/ge-laufen
  Beispiel
  *„Gerlinde Rosenschön lag **träumend** und **verschwitzt**, genüsslich einen roten Apfel **essend**, bereits heftig **sonnengebräunt** und an einzelnen Stellen des Körpers, die näher zu bezeichnen, wir uns hier versagen wollen, **sonnenverbrannt**, auf dem blank **gewienerten** Deck der einst teuer **bezahlten** Jacht."*

- **zu viele Adjektive**

  Schwulst und Pathos gehören eher der Vergangenheit an. Heute ringt man meist um Kürze.

  Beispiel

  *„Er fühlte einen **starken, festen, stählernen** Griff, der ihn in die Knie zwang. Es drang kein einziger **heller gnädiger** Lichtstrahl in seine Augen."*

  Ist weniger mehr?

  „Er fühlte einen stählernen Griff, der ihn in die Knie zwang. Kein Lichtstrahl drang in seine Augen."

  Und noch kürzer ...

  „Ein stählerner Griff zwang ihn in die Knie. Kein Lichtstrahl. Dunkelheit."

- **keine Abwechslung in der Satzstellung**

  Die Satzstellung in der deutschen Sprache bietet viele Möglichkeiten[37] – vorne, in der Mitte und hinten im Satz!

Beispiel

1. *Die Meerjungfrau war **im rosafarbenen Licht der sinkenden Sonne ans Ufer** geschwommen.*

2. ***Ans Ufer** war die Meerjungfrau **im rosafarbenen Licht der sinkenden Sonne** geschwommen.*

---

[37] Zu beachten ist bei Variationen, dass Satzteile, die in Frontstellung stehen, betont sind.

3. *Im rosafarbenen Licht der sinkenden Sonne war die Meerjungfrau **ans Ufer** geschwommen.*

Vergleicht man Beispiel 1 und 2 mit der besseren Lösung 3, so werden schon die ästhetischen Möglichkeiten deutlich, die eine Variation der Satzstellung – über die Bedeutungsvermittlung hinaus – bietet.

- **zu lange Sätze** mit verschachtelten Nebensätzen, Partizipien und Appositionen sind für den Leser kompliziert, unverständlich und müssen regelrecht entschlüsselt werden.

Beispiele[38]

Verschachtelte Nebensätze

„Die Häuser, die sich an dem Weg, der von dem Platz, der vor dem Rathaus liegt, abgeht, befinden, werden abgerissen."

Partizipialkonstruktionen

„Die an die von dem vor dem Rathaus liegenden Platz abgehenden Weg befindlichen Häuser werden abgerissen."

Häufung von Appositionen

„Ein Boot mit Neuankömmlingen aus der Alten Welt schaukelt ein in den nächtlichen Hafen von Halifax, darunter, mit unters Kinn gebundener Haube, die junge Schauspielerin Isabelle Adjani aus dem 20. Jahrhungert, kostümierte Figur einer von der ersten Einstellung an, mit Möwengeschrei, Pferdegetrap-

---

[38]Wolf Schneider, Deutsch für Profis, S. 102 ff.

*pel, sich öffnenden, sich schließenden oder
zum Einblick eigens offen bleibenden Türen ...*
Mark Twain sagt dazu[39]:
„Wenn der deutsche Schriftsteller in einen
Satz taucht, dann hat man ihn die längste Zeit
gesehen, bis er auf der anderen Seite seines
Ozeans wieder auftaucht mit seinem Verbum
im Mund."
Muss sich der Prosaerzähler nicht auch mit der **Ästhetik** von Sprache beschäftigen?
Strebt man danach, gleich mit dem ersten Buch in
den Dichterolymp aufgenommen zu werden, ist das
sicher nötig: Die Klanggestalt der einzelnen Spra-
chelemente, dunkle und helle Vokale, tieferliegende
Bedeutungen der Wörter, die Verwendung rhetori-
scher Figuren, von Bild und Motiv sowie vieles mehr
sind nicht nur für den Lyriker von Bedeutung. Für die
Ziele dieses Buches sind nur einige wenige Details
erwähnenswert.
In der Überarbeitungsphase des Textes kann man an
ausgesuchten oder zentralen Stellen

- die **Klanggestalt** von Vokalen (*a,o,ö,u,au* sind
  schwer und bedrückend; *e,i,ü* sind leicht und
  heiter)prüfen
- vielleicht hie und da eine **rhetorische Figur**
  verwenden
  Alliteration = Wiederholung gleicher An-
  fangslaute oder-buchstaben bei aufeinander
  folgenden Worten wie *Wald und Wiese,
  Kunst und Krempel* ...

---

[39] Ebda, S. 108.

Antithese = Kombination von Begriffen und Gedanken, die in direktem Gegensatz stehen, wie z.B. *Eleonora war schön und hässlich, zog an und stieß ab;*

Ellipse = Auslassung von Satzteilen, die leicht zu ergänzen sind, z.B. im inneren Monolog oder erlebter Rede: *Wofür? Warum jetzt?*

Euphemismus = beschönigende und verharmlosende Umschreibung, vor allem bei Ironie und Satire, beispielsweise:

Guiseppe Martoni beförderte regelmäßig Leute an Orte, von denen man nicht zurückkommt;

Hyperbel = Übertreibung in vergrößerndem oder verkleinerndem Sinn, z.B. als Sprachcharakterisierung für einen Aufschneider, beim Jägerlatein: *Der Bock war riesengroß, der Hase zentnerschwer;*

Inversion = Umkehrung der geläufigen Wortstellung im Satz, z.B. *Dunkel war's, doch helle schien der Mond.*

Klimax = sich steigernde Reihung von Wörtern oder Satzteilen, z.B. in besonders spannenden Szenen, beim Höhepunkt:

Er drückte seine linke Hand auf ihren Mund, die rechte umklammerte ihren Hals, drückte fest, fester ...

Litotes = Hervorhebung eines Begriffs durch Verneinung des Gegenteils, insbesondere bei ironischer Schreibweise wie z.B. Understatement:

*Er war **nicht arm,** sie war **nicht hässlich** und ihr gemeinsames Leben* durchaus ***nicht langweilig*** *zu nennen.*[40]

- überprüfen, ob der Text auch **bildhaft** ist und ob die verwendeten Bilder sitzen
  „Uneigentliche, bildliche Ausdrücke dienen in Texten aller Art dazu, die Aussagen zu veranschaulichen oder zu beurteilen."[41]

Metapher = bildlicher Ausdruck, bei dem das Wort nicht in seiner eigentlichen, sondern in übertragener Bedeutung verwendet wird, wie beispielsweise:

*Bernd Spitzig war ein **Geier*** (jemand der sich auf etwas stürzt, was sowieso schon am Boden liegt).

Symbol = bildkräftiges Zeichen, das über sich selbst hinaus auf einen höheren, allgemeineren Bereich verweist wie z.B.

*Theodoras Haut war weiß, ihr Geist war hell, ihr Glaube der **einer Lilie**(das Symbol für Unschuld).*

- sicherstellen, dass man die Mitbedeutungen (**Konnotationen**) von Wörtern bedacht hat, z.B. die Unterschiede zwischen *Geruch und Duft, Hetäre, Kurtisane, Dirne und Nutte, Mahl und Essen usw.*

---

[40] Wer sich mit rhetorischen Figuren beschäftigen will, findet eine kurze Übersicht in Abiwissen Deutsch, Lyrik und Gedichtinterpretation, Dudenverlag, Mannheim Zürich 2010, S. 26f.

[41] Ebda, S. 31.

Wer sich etwas intensiver mit Stilistik und Stillehre beschäftigen will, kann zum Einstieg ins Thema auf das Reclam-Heft von Burkhard Moennighoff zurückgreifen.[42]

6.7 Was ist lustig?

„Mir will das kranke Zeug nicht munden, Autoren sollten erst gesunden."
Goethes Bemerkung zu den literarischen Erzeugnissen von einigen seiner Zeitgenossen …
Die meisten Autoren, vor allem jene, die zum ersten Mal veröffentlichen (wollen), schreiben sich ihren Frust, ihre Probleme, ihr Schicksal von der Seele. Da wird's dann richtig schrecklich und fürchterlich traurig. Was den Autor entlastet, was ihn nach Abschluss des Buches erleichtert durchatmen lässt, ist für den Leser aber nur bedingt erträglich (siehe oben Goethe!).
Leser wollen in ihrer Freizeit – und die wird fürs Buchlesen verbraucht – vor allem eins: sich unterhalten.
Autoren hingegen treiben häufig andere Absichten um[43]:

- **b**ekennen und sich entlasten
- **b**elehren und missionieren
- **b**eeinflussen und die Welt verändern
- sich **b**eweisen
- **b**erühmt werden …

---

[42] Burkhard Moennighoff, Stilistik, Reclam 2009
[43] die fünf **b**s eben …

Vergleicht man Leser- und Autorenmotivation, wird ein unauflösliches? Dilemma deutlich. Es gibt einen Kompromiss – aber der ist schwierig zu handhaben. Wie wär's mit ein bisschen Humor?

Wer zuverlässig wüsste, wie *lustig* genau geht, hätte wohl endgültig ausgesorgt. Menschen zum Schmunzeln, Lächeln, Lachen oder gar Schenkelklopfen zu bringen, ist schwieriger, als sie zu Tränen zu rühren. Annäherungen und Vorschläge, die allerdings gibt es.

Die Einfügung einer **komischen Person** in einen Text hat eine lange Tradition: der Hanswurst, der Kasper, der Clown, Käuze, Sonderlinge und viele mehr. Diese Figuren sollen zum Lachen reizen. Im Theater waren sie oft Träger des gesunden Menschenverstandes, durchaus nicht völlig lächerlich, warfen sie ein erheiterndes, aber auch erhellendes Licht auf die dargestellte Gesellschaft. Die komische Person hat eine **komische Perspektive**[44] auf die Welt, die von der *normalen*

Weltsicht stark abweicht. Komische Figuren sollen Fehler haben, aber nicht nur. Denn – sie sollen sympathisch sein, damit sie ihre Rolle im Gesamttext erfüllen können.

Durch **Ironie** gelingt es manchmal, Leser zum Schmunzeln oder Lächeln zu bringen:

- Spott
- Lächerlich-Machen mit scheinbarem Ernst
- das Gegenteil vom Gemeinten formulieren.

---

[44] Siehe John Vorhaus, Handwerk Humor, 3. Aufl. 2010, S. 57ff.

Beispiele

„Ihr neuer Ledermantel, herrlich, Sie sehen aus wie ein Koffer!"

„Haben Sie Ihren Schönheitschirurgen schon verklagt, gnädige Frau?"

Aus einem Arbeitszeugnis

„Herr Müller war stets um gute Leistung bemüht."

Ironie setzt einen Leser voraus, der sie versteht – deshalb ist ihr Einsatz, vor allem bei der Erzählstimme, immer ein Wagnis für den Autor. Denn Ironie und Komik schafft auch eine gewisse **Distanz zum Text, kann die Illusion zerstören.** Der Leser könnte wütend werden …

Witzige Situationen sind solche, in denen

- eine Erwartung spontan und plötzlich „enttäuscht" wird,
- vorgestellte Welt und Realität prallen aufeinander

Beispiele

Sprichwörter

Wer andern eine Grube gräbt … (Erwartung),
ist selbst ein Schwein (Enttäuschung).

Namen

„Meine Herren, Ihre Aufgabe wird es sein, den Mitarbeitern des Konzerns deutlich zu machen, dass wir Kritik als etwas Positives ansehen, dass wir eine emanzipierte Workforce wünschen! Darf ich jetzt nacheinander um Ihre Namen bitten?"(Erwartung)

„Gestatten, Kevin Duckmäuser."

„Thomas Leisetreter, Herr Direktor."

Philipp Hasenfuß, angenehm." (Enttäuschung)

Begegnungen

Trifft ein Siebzigjähriger in der Straßenbahn unverhofft seine vom ihm seit Jahrzehnten geschiedene Ehefrau wieder.

„Hannelore, ich muss dir ein dickes Kompliment machen.“

Erwartungsvoll blickt Hannelore den Ex an. (Erwartung)

„Du siehst heute viel besser aus als bei unserer Hochzeit.“

Situation

„Nun sprich, mein Sohn. Scheue dich nicht, alles, was du mir hier erzählst, bleibt unter uns und Gott.“ (vorgestellte Welt)

„Also gut, Herr Pfarrer. Als ich gestern Abend nachhause gekommen bin, habe ich Sie beobachtet. Ich finde es ja nett, dass Sie bei meiner Frau einen Hausbesuch gemacht haben, aber dass Sie nur nackt mit ihr im Ehebett beten wollten, finde ich doch etwas übertrieben!“

(Realität)

Witze sind witzig, deshalb heißen sie so – und eigentlich hört sie jeder gern. Ob sie in einen (ernsthaften) Text passen, ist fraglich. Vielleicht kann man eine Figur erschaffen, die gern Witze erzählt und zu der diese Eigenschaft passt. Die Gefahr, dass solche Witzeinlagen wie Fremdkörper wirken und einen ganzen Text ruinieren können, ist allerdings nicht von der Hand zu weisen.

Wahrheit und Schmerz, das ist Komik. Hier ein Beispiel, was John Vorhaus mit dieser Aussage meint[45]:

„Eine Gruppe von Männern steht vor den Himmelstüren und wartet auf Einlass. Petrus kommt herbei und sagt:

‚Wer von euch sein Leben lang unter dem Pantoffel seiner Frau gestanden hat, geht zur linken Wand.'

Alle gehen zur linken Wand, bis auf einen furchtsamen, kleinen alten Mann, der geht zur rechten. Petrus tritt auf den kleinen alten Mann zu und sagt:

‚Die anderen Männer haben alle unter dem Pantoffel ihrer Frau gestanden und sind deshalb zur linken Wand gegangen. Wieso bist du zur rechten Wand gegangen?' **(Wahrheit)**

Sagt der kleine alte Mann:

*‚Meine Frau hat's mir befohlen.' "***(Schmerz)**

Mit ***Entsetzen Scherz zu treiben,*** ernsten Stoff ironisch, selbstironisch oder satirisch zu servieren oder mit einer Prise Humor zu würzen, braucht eine Menge Übung und am besten schon etwas Meisterschaft im Schreiben.

6.8 Ist Traurig-Sein unterhaltsam?

Auf den ersten Blick scheint die Frage abstrus und absurd. Wie kann denn Trauer unterhaltsam sein?

---

[45] John Vorhaus, ebda., S. 18; Hervorhebungen und Layout-Veränderungen vom Verfasser

Die Existenz des antiken Dramas, die Beliebtheit von Melodrama, Schmonzette, Detektivroman und legendären Filmen wie *Vom Winde verweht* oder *Love Story* sprechen eine klare – andere – Sprache. Wenn wir uns auf ein Erzählwerk einlassen, wollen wir wohl vor allem eins: Gefühle entwickeln, uns erschüttern lassen, mitleiden, mitzittern, bangen, erleichtert sein. Trauer ist zwar etwas Trauriges, aber eben auch unterhaltsam! Die fiktionale traurige Welt ist geeignet, mich von meinem eigenen Leben, von Schicksalsschlägen und erlittenen Verletzungen abzulenken. Wenn's den Figuren in der Lektüre noch schlechter geht als dem Leser selbst – das mag ihn trösten. Und wer mit den Figuren leidet, spürt, dass er lebt!

6.9 Schlechte Texte?

In Österreich gibt es regelmäßig einen Literaturwettbewerb, in dem die schlechtesten Texte prämiert werden. Schauen Sie im Folgenden einmal, ob Sie erkennen, warum die Texte[46] schlecht sind oder sein sollen.
Die Auffassung des Verfassers finden Sie auf S.120f.
Was vor Ihnen liegt, ist eine schwierige Aufgabe.
Denn „es (fällt) bei guter Literatur leichter…, das

---

[46] Die Textauszüge sind entnommen aus Wort-Werk (Hrsg.), best of worst. Die Nacht der schlechten Texte, Edition Meerauge, Klagenfurt 2010

Schlechte daran zu kritisieren, es (ist) aber schwer …,
das Schlechte am Schlechten zu erklären."[47]

Beispiele

1 Auf dem Traumboot der Liebe von Rob Kenius

*„Ich bin hier, weil ich verliebt bin. Ich will die ganze
Welt nicht mehr missen. Ich will sie umschlingen und
überall küssen, ihre Lippen, die Augen, den Mund. Ich
will ihre Hüften umfassen und nie mehr los lassen. …
Ich will ihre Brüste berühren. Wir gehen zusammen
ins Bett. …*

2 die grundlose …., von Judith Zdesar

*„Ja, sagt Friedrich zu mir. Ja, ja, sagt Friedrich zu mir
und wartet. Und? Was ist Friedrich, frage ich und er
sagt ja. …"*

3 Ich, mein Auto, der Mann von H.C. Roth

*„Mein Auto stand an der Straße, irgendwo an der
Straße stand mein Auto. Ich weiß nicht mehr genau,
warum mein Auto an der Straße stand, irgendwo an
der Straße. …*

7 Übung macht den Gesellen

---

[47] Ebda, S.8.

Auf den letzten achtzig Seiten sind Ihnen die Elemente des Schreibens in spiralförmigem Aufbau immer wieder begegnet. Jetzt gibt's Gelegenheit, das Gelesene praktisch und kreativ umzusetzen.

Wenn's bei Beginn schwierig ist, darf man nicht verzweifeln. In der Fremdsprache beispielsweise hat der Anfänger immerwährend einen Kloß im Hals, wenn er sprechen soll. Und der löst sich erst durch viel, viel Üben.

7.1 Vom Thema zum Titel

Mit *„als* und *wenn"* können Sie schöne Titel kreieren. Bekannte Beispiele:

- Judith Kerr (Annemarie Böll),
  Als Hitler das rosa Kaninchen stahl, Ravensburger
- Gayle Forman,
  Wenn ich bleibe, Blanvalet

Warum sind diese beiden Konjunktionen so gut für einen Titelanfang geeignet?

Nach **als** fragt sich der Leser **und dann, und danach?** Eine Einladung zum Lesen! Nach **wenn** erhebt sich die gleiche Frage: **Was passiert dann, danach?** Dabei spielt es keine Rolle, ob **wenn** zeitlich oder konditional zu verstehen ist; weil man wissen will, wie's weitergeht, ist es in jedem Fall eine Aufforderung zum Lesen.

Was ist Ihre Botschaft, was wollen Sie den Leser wissen lassen? Was wollen Sie erzählen? Was ist also Ihr Thema?

Übung

- **Leiten Sie aus Ihrem Thema je drei Titel mit
  als und *wenn* ab.**[48] Schauen Sie vorher im
  Netz nach Beispieltiteln. Was andere geschrieben und als Titel für gut befunden haben, wird Sie beflügeln!

Ein anderes Bindewort eignet sich ebenfalls für die
Titelformulierung:

und

Bekannte Beispiele:

- Ilona Jerger,
  ***Und** Marx stand still in Darwins Garten,* Ull-
  stein
- Susann Pásztor,
  ***Und** dann steht einer auf und öffnet das Fens-
  ter,* Kiepenheuer und Witsch

Fragepronomen machen ebenfalls schöne Titel:

- Harper Lee,
  ***Wer** die Nachtigall stört,* Kiepenheuer &
  Witsch
- Ernest Hemingway,
  ***Wem** die Stunde schlägt,* Fischer
- Ulrich Remanofsky,
  ***Wen** die Götter lieben,* Alpinverlag

*(Titelheld oder Titelheldin dienen hier der Titel-
formulierung.)*

- Kazuo Ishiguro,
  ***Was** vom Tage übrig blieb,* Heyne
- Maurice Sendak,

---

[48] und verfahren Sie bei allen im Folgenden vorge-
schlagenen Anfangswörtern entsprechend

Wo *die wilden Kerle wohnen,* Diogenes (Schauplatz)

Die Verwendung von Konjunktionen oder Fragepronomen schafft eine *poetische* Möglichkeit, Elemente der Handlung für die Titelformulierung zu nutzen.[49]

Auch **Fragen** und **Befehle** eignen sich als **Titel**.

Beispiele

Francoise Sagan

Lieben Sie Brahms? (manchmal auch als *Lieben Sie Brahms …*)

Ephraim Kishon

Drehen Sie sich um, Frau Lot!

Doppeltitel mit *oder* waren schon im Barock beliebt.

Andreas Gryphius

Catharina von Georgien oder Bewehrete Beständi(g)keit

Man findet sie auch heute und in der jüngeren Literaturgeschichte.

Max Frisch

Don Juan oder Die Liebe zur Geometrie.

Heinrich Böll

Katharina Blum oder Wie Gewalt entstehen und wohin sie führen kann

Wer einen solchen Doppeltitel für seinen Text wählt, sollte auf die Orthographie achten; **auch der zweite Titelanfang wird großgeschrieben.**

Bei der Titelformulierung ist vor allem für Newcomer zu beachten, dass der Titel im Netz gefunden wird: Er sollte ein **Trigger**wort enthalten, damit er bei Stichwortsuche in den Suchmaschinen erscheint.

---

[49] Siehe noch einmal Kapitel 4.1.

Beispiel für ein Sachbuch/ einen Ratgeber
*50 Möglichkeiten, wie Ihr **Baby gut schläft***
Wie man Trigger- und Keywords für Überschriften und Inhalte nutzt, ist eine Wissenschaft für sich. Schauen Sie unter *Suchmaschinenoptimierung* oder den Begriffen *Triggerwort, Keyword, Headline, Content* ... im Netz.

7.2 Eine Einteilung für den Text finden

Für kurze Geschichten und Kurzgeschichten braucht man keine **Kapitel.** Der Umfang des Textes ist so gering, dass man *in einem Rutsch* durcherzählen kann – für den Erzählanfänger ein Vorteil.

Bei der (längeren) Erzählung sieht es schon etwas anders aus; oft reichen hier aber Zwischenüberschriften oder deutlich gekennzeichnete **Absätze.**

Wie kommt man zu einer Einteilung in Kapitel, wie findet man Zwischenüberschriften?

Grundsätzlich eignen sich **alle Elemente eines Textes, wenn sie wechseln,** für Zwischenüberschriften oder Kapitel.

Einige Beispiele

Man betritt mit dem Leser einen **neuen Schauplatz, eine neue Figur** wird eingeführt, der Leser befindet sich Jahre oder Jahrzehnte früher oder später in einer **neuen Zeit.**

Viele Autoren bezeichnen die **Kapitel** nicht, sie **nummerieren** sie nur durch.

1,2 ... oder Erstes Kapitel, Zweites Kapitel ...

In anderen Texten findet man **Kapitelüberschriften** oder in Erzählungen Zwischenüberschriften:

Beispiele

Kerstin Gier, Auf der anderen Seite ist das Gras viel grüner

Figureneinführung

„Felix", S. 7

„Mathias", S.9

Sprichwort, ein Motto, Zitat

Bertrand Russell „Man sollte eigentlich im Leben niemals die gleiche Dummheit zweimal machen, denn die Auswahl ist so groß." S. 11

Edward Bulwer, Die letzten Tage von Pompeji

Neuer Schauplatz

„Siebentes Kapitel

In den pompejanischen Bädern"

Großtexte wie Roman und Saga weisen nicht selten eine **Gliederung in Teile** auf, Erster Teil, Zweiter Teil

Beispiel

Isabel Allende, Porträt in Sepia

Erster Teil

1862 – 1880

Zweiter Teil

1880 – 1896

Neue Zeit

Ob nun Absatz oder Kapitel – gemeinsam ist ihnen, dass sie einen neuen Sinnabschnitt markieren.

Wer noch Schwierigkeiten hat, Sinnabschnitte zu erkennen oder selbst zu setzen, kann mit einem einfachen Trick üben:

Kopieren Sie elektronisch literarische Texte, entfernen Sie alle Satzzeichen, Absätze und – und begeben Sie sich dann an die Arbeit des erneuten Unterteilens.

7.3 Achtung – Perspektive!

Viele Fallen gibt es beim Schildern von Figuren aus Innensicht.

Bei der *Ich-Erzählung* kennt man nur den Ich-Erzähler aus Innensicht.[50] Alle anderen Figuren werden von außen betrachtet, ihr Verhalten wird geschildert, ihre Gedanken und Gefühle kann man nur ableiten, nicht aber wissen. Man schaut ihnen niemals in den Kopf hinein!

Beispiel

„Ich ging die dunkle Straße hinunter. Im Nebel, der in den Abendstunden herangekrochen war, standen sie. Die Mädchen der Nacht. Der schwache Glimmer der Gaslaternen warf ein gnädiges Licht auf die verlebten Gesichter.

‚Heh, du‘, rief eine magere Dunkelhaarige in Rock und Weste. ‚Ich bin noch frei. Drei Kronen oder zehn für die ganze Nacht.‘

---

[50] Ich-Erzählungen mit zahlreichen Ich-Erzählern (Rashomon-Effekt) werden in diesem Kapitel nicht betrachtet.

Wie sollte ich an ihr vorbeikommen? Würde sie
mich festhalten, ihre Spinnenarme nach mir ausstre-
cken, sich an meinem Hals festkrallen, sich an mei-
nem Mund festsaugen (innerer Monolog)?

‚So ein Idiot!'

Grete drehte dem jungen, schmächtigen Mann,
der ihr Angebot <u>offensichtlich nicht annehmen wollte</u>
(Innensicht, Gedanke, Perspektivenwechsel), den Rü-
cken zu."

Bei **personaler Erzählsituation** schildert man (jeweils)
eine Figur aus Innensicht – nicht alle Figuren zugleich,
sonst nähert man sich der **allwissenden Erzählerper-**
spektive an.

In Langprosa ist es üblich, ausgewählte Figuren nacheinander aus Innensicht zu schildern.

Gedanken, Annahmen, Überlegungen, Kommentare
– sie dienen der Figurenschilderung aus Innensicht.
Oft sind sie nicht auf den ersten Blick zu erkennen,
denn

- Er dachte
- Er fand
- Er kam zu dem Schluss
- Er war der Auffassung, er meinte ...

zu schreiben, wäre schlechter Stil!

Der personale Erzähler sieht alles mit seinen eigenen
Augen, aus seinem Blickwinkel (*point of view*). Die
Leser wandern mit ihm und sehen mit seinen Augen,
erleben und beurteilen Geschehnisse und Handlungen wie er, übernehmen fast unbewusst seine Sicht-
weise.

Beispiel

„Die Straße machte jetzt eine Biegung nach rechts. Haakon beschleunigte seinen Schritt. Nur weg von hier, bevor eine der Huren es erneut versuchen würde. Ihn anzusprechen, ihn einzufangen, ihn festzuhalten.

Das hier musste eine Nebengasse sein. Keine Laternen mehr, dustere Stille und endlose Einsamkeit. Die Trübheit der Nacht erschien ihm nun fast noch schlimmer als die Gefahren, die er bei den Dirnen gewittert hatte."

7.4 Aller Anfang ist schwer!

In **Lang**prosa wird man (eher) zur Handlung hinführen, man schreibt die sogenannte **Exposition**: Die Vorgeschichte – Einführung der Hauptfigur(en), der Zeit, des Schauplatzes, der Ausgangssituation – bis zum **ersten narrativen Haken**[51] wird erzählt. Dann passiert etwas, das die Handlung in Bewegung setzt: ein Problem, ein Konflikt, eine Gefahr, die zum Handeln zwingt.

Berühmte erste Sätze[52]

Selma Lagerlöf, *Nils Holgersson (1908)*

„Es war einmal ein Junge. Er mochte wohl vierzehn Jahre alt sein, war lang aufgeschossen und hatte flachsgelbes Haar. Er war zu nichts recht zu gebrauchen. Am liebsten mochte er schlafen und essen, sein

---

[51] Fritz Gesing, Kreativ schreiben, Dumont 2004, S. 137
[52] aus der Nobelpreis-Bibliothek

größtes Vergnügen aber war, dumme Streiche zu machen.“

Knut Hamsun, *Hunger (1920)*

„Es war zu jener Zeit, als ich in Kristiania umherging und hungerte, in dieser seltsamen Stadt, die keiner verlässt, ehe er von ihr gezeichnet worden ist ...“

Pearl S. Buck, *Die gute Erde (1938)*

„Es war Wang Lungs Hochzeitstag. Als er im Dunkel seiner Bettvorhänge die Augen öffnete, wußte er nicht gleich, warum die Dämmerung ihm heute anders erschien als sonst. Im Haus war es ruhig, bis auf das entfernte, keuchende Husten seines alten Vaters, dessen Zimmer dem seinen gegenüberlag, jenseits des Mittelraumes.“

John Steinbeck, *Die Reise mit Charley (1962)*

„ Als ich noch sehr jung war und den Drang verspürte, irgendwo anders zu sein, wurde mir von reifen Menschen versichert, die Reife werde dieses Jucken kurieren.“

Heinrich Böll, *Gruppenbild mit Dame (1972)*

„Weibliche Trägerin der Handlung in der ersten Abteilung ist eine Frau von achtundvierzig Jahren, Deutsche; sie ist 1,71 groß, wiegt 68,8 kg (in Hauskleidung), liegt also nur etwa 300-400 Gramm unter dem Idealgewicht; sie hat zwischen Dunkelblau und Schwarz changierende Augen, leicht ergrautes, sehr dichtes blondes Haar, das lose herabhängt; glatt, helmartig umgibt es ihren Kopf. Die Frau heißt Leni Pfeiffer, ist eine geborene Gruyten ...“

In **Kurz**prosa springt man (eher) sofort in die (kurze) Geschichte oder Erzählung hinein.

Arno Schmidt, Todesstrafe bei Sonnenschein[53]

„Rasiert, mit frischgeschnittenem Haar, den Bauch vermittels eine besonders breiten Gürtels unauffällig zurückgedrängt, dazu in kurzen Abständen mit Alkohol und Bohnenkaffee gefüllt, immer hübsch abwechselnd – so kann man für drei Stunden schon noch den elastischen älteren Herrn mimen; den, von dem Endsechzigerinnen schmachten ... "

Heinrich Böll, Doktor Murkes gesammeltes Schweigen

„Jeden Morgen, wenn er das Funkhaus betreten hatte, unterzog sich Murke einer existentiellen Turnübung: er sprang in den Paternosteraufzug, stieg aber nicht im zweiten Stockwerk, wo sein Büro lag, aus, sondern ließ sich höher tragen, am dritten am vierten, am fünften Stockwerk vorbei, und jedesmal befiel ihn Angst, wenn die Plattform der Aufzugskabine sich über den Flur des fünften Stockwegs hinweg erhob ... "

Alice Munro, Tricks, Fischer Taschenbuch Verlag 2012, Ausreißer, S. 9

„Carla hörte das Auto kommen, bevor es die Kuppe der kleinen Anhöhe erreichte, die hier in der Gegend als Berg galt. Das ist sie, dachte sie. Mrs. Jamieson – Sylvia – zurück von ihrem Urlaub in Griechenland. Hinter der Stalltür hervor – weit genug drinnen, so dass sie nicht ohne weiteres zu sehen war – beobachtete sie die Straße, auf der Mrs. Jamieson vorbei-

---

[53] Aus „Das Diogenes Lesebuch moderner deutscher Erzähler"

fahren musste, denn ihr Grundstück lag an derselben Straße wie das von Clark und Carla, eine halbe Meile weiter."

In **Langprosa** wird man versuchen, den Leser bereits mit den ersten Sätzen auf den Text *einzustimmen.*

Kurzprosa geht ohne Umschweife zur Handlung über: das Geschriebene muss so *packend* sein, dass der Leser bereit ist, sich mit auf die Reise zu begeben.

Übung 1

- Im Folgenden finden Sie „**erste Sätze**".
  Spinnen Sie die Handlung ein klein wenig weiter!

1. Der Heiner – so wurde er von allen in seinem Dorf genannt, obwohl er doch eigentlich Heinrich hieß – war noch nie in Paris gewesen. Seit Weihnachten war er entschlossen, diesen Zustand im neuen Jahr zu ändern …

2. „Gnädige Frau, Sie haben nie besser ausgesehen", hatte Doktor Buchermann gestern Abend zu ihr gesagt. Und dabei gegrinst..."

3. „Nun war er wieder da. Dieser schreckliche Monat mit seinem undurchdringlichen Nebel, der morgendlichen Kälte, der frühen Dunkelheit. Die November, als sie noch Kind gewesen war …"

4. „Es konnte nicht mehr lange dauern. Nicht der Hunger, der sich in Magen und Gedärm gefressen hatte, war das schlimmste gewesen. Der Durst, die Zunge, die am Gaumen gefesselt war, die Bilder, die hin und her

huschten, die Gedanken, die verschwunden waren, die sie nicht festhalten konnte, die Leere vor der Finsternis..."

5. „Nach außen gebuckelt und nach innen getreten", gab Dorchen zur Antwort und stürzte den letzten Schluck Kaffee hinunter. ..."

Übung 2
- **Schreiben Sie jetzt selbst einige Anfänge!**

Übung 3
- **Schreiben Sie nur *einen Satz*, der geeignet ist, den Leser zum Weiterlesen zu veranlassen!**
Einige Beispiele
- „H. war beeindruckender und hässlicher als jeder Mann, den ich bis dahin kennengelernt hatte."**(Figur)**
- „Der tiefste Schlund der Hölle hätte nicht schrecklicher aussehen können als die verbrannten und verkohlten Überreste der Stadt, die vor Zeiten den Namen New York getragen hatte." **(Schauplatz, Zeit)**
- „Ich bin der letzte aller Lebendigen, der noch Vater und Mutter gehabt hat." **(Erzähler, Thema)**

7.5 Zeitformen

Ein Autor hat zunächst für seinen Erzähltext das *historische Präsens* als Zeitform gewählt. Je weiter der Text gediehen ist, desto eher kommen ihm Zweifel, ob nicht das *epische Präteritum* die passendere Zeitform wäre. Er macht sich daran, seinen Text umzuwandeln.

Übung
Wandeln Sie die folgenden Sätze um![54]

„Als das Kind geboren werden soll, ist Krieg.

Die Wehen haben schon eingesetzt, als der Fliegeralarm ertönt.

Marie ist allein.

Sie packt eine Tasche, die Decke für das Kind, ein paar Windeln, eine Schere, die Flasche Schnaps, die noch im Wohnzimmerschrank steht.

Im Treppenhaus trifft sie die Nachbarin.

Frau Roth schaut sie kurz an, schüttelt den Kopf und eilt wortlos davon.

Marie muss im Hinabsteigen inne halten. Die nächste Wehe ist zu stark.

Ob sie es bis zum Luftschutzbunker schaffen wird?

In der Ferne hört sie schon das monotone Gebrumm.

Es wird nicht mehr lange dauern, dann werden die Bomben auf Hamburg fallen und die Stadt in ein brennendes Inferno verwandeln.“

---

[54] Lösung auf S.121

Zur Erinnerung:

Aus

- Präsens wird Präteritum
- Perfekt wird Plusquamperfekt
- Futur 1 wird Konditional 1

7.6 Aktiv oder Passiv?

Einen bekannten literarischen Text zu finden, in dem häufig Passiv[55] verwendet wird, ist schwer. Passiv ist für die schöne Literatur (nahezu) unbrauchbar, es sei denn, ein besonderes Erzählziel geböte die Verwendung.[56]

Beispiel
Man stelle sich vor, eine Uhr steht in einem Wohnzimmer und „beobachtet" eine Szene – dort wäre

---

[55] Wenn Ihre Schulzeit schon lange zurückliegt …
Ich werde verletzt, ich wurde verletzt, ich bin verletzt worden, ich war verletzt worden, ich werde verletzt werden, ich werde verletzt worden sein, ich würde verletzt (werden), ich würde verletzt worden sein … (Form von *werden* (oder *sein*) + *Partizip Perfekt*)

[56] Die grammatische Bedeutungsweise – was einer Person geschieht, ihr widerfährt oder was mit einer Sache, einem Ding getan wird, ist kaum Gegenstand von schöner Literatur. Dort geht es mehr um die Aktionen der Handelnden selbst (=Aktiv)

Passiv hie und da angemessen, mag authentisch wirken.[57]

Bespiel

„Die Dunkelheit ist gewichen. Draußen scheint die Sonne. Sie sind wieder da. Das Kind setzt sich auf das Sofa. Ein Mann geht im Raum auf und ab. Er deckt eine Sofadecke über das Kind, lässt den Rollladen herunter. Es ist wieder dunkel. Ich **werde hochgenommen,** *dann einen Augenblick* **hochgehalten,** *ich spüre, wie meine Zeiger* **gedreht, verstellt werden.** *Ist die Zeit nun falsch, wird sie ihnen* **falsch angezeigt?** *Ich* **werde herumgedreht.** *Wollen sie die falsche Zeit nicht sehen?"*

Übung

* **Transformieren Sie die Passivsätze (*fett kursiv* gedruckt) in Aktiv und prüfen Sie, was Ihnen besser gefällt!**
* Aktivsätze mit „man" sind manchmal eine gute Alternative.

Wenn ***Handlungen*** und nicht die handelnden Personen ***im Fokus*** stehen (auch, wenn sich der ***Handelnde unsichtbar*** machen möchte) – ist Passiv angebracht.

Beispiel:

„Lieses Vertrag und des Doktors Brille liegen nun still, so ganz vor sich hin, auf dem Schreibtisch. Das Schweigen ergießt sich zäh in den Raum.

---

[57] Die Uhr ist hier in einer Doppelposition als Beobachter **und** Sache; dass mit ihr etwas geschieht, dass sie benutzt wird, ist (einigermaßen) nachvollziehbar.

Endlich ergreift Liese das Papier. Rascheln, Seiten *werden geblättert*. Jetzt *wird* ein wenig *gelesen*. ..."

7.7 Berichten

Die erzählte Zeit in einem Prosatext, vor allem in den Großformen wie Roman oder Saga, ist (meist) lang, sie muss gerafft werden: Bei manchen Zeitperioden schreibt der Autor einen Bericht über die Geschehnisse.

Beispiel

Isabel Allende, Ines meines Herzens, Suhrkamp2008

„Kaum war Diego des Almagro mit seinen Tapferen nach Chile aufgebrochen, hatte Pizarro einen allgemeinen Aufstand zu gewärtigen. Die Eingeborenen Perus sahen, da(ss) die Streitmacht der Viracochas – so nannten sie die Spanier – sich teilte und griffen zu den Waffen. Ohne rasche Hilfe war die Eroberung des Inkareichs in Gefahr und mit ihr das Leben der Spanier, die ihren Feinden an Zahl weit unterlegen waren. Auf der Insel Hispaniola erfuhr Valdivia von Francisco Pizarros Hilferuf, und unverzüglich machte er sich auf den Weg nach Peru."

Allende fasst in einem kurzen Abschnitt mehrere Monate zusammen, die Sprache ist faktenorientiert, sachlich und knapp, ohne Ausschmückungen, auf persönliche Färbung wird verzichtet.

7.8 Beschreiben

Vorgänge, Gegenstände und **Personen** müssen vom Autor erzählender Texte beschrieben werden. Damit sich der Leser ein Bild machen kann, ist eine sinnvolle Reihenfolge (oft) hilfreich:
Bei **Gegenständen** und **Personen** z.B.

- Was? oder Wer? am Beginn
- vom Auffälligsten zum weniger wichtigen Merkmal
- vom Vordergrund zum Hintergrund; Gesamteindruck
- vom Zentrum in die Peripherie

Werden **Vorgänge beschrieben**, stehen die Handlungsschritte in **zeitlicher Reihenfolge**, damit sie der Leser nachvollziehen kann.

Literarische Beschreibungen unterscheiden sich (meist) von der sachlichen Beschreibung; sie sind subjektiver, farbiger und persönlich gefärbt.

Beispiele
Thomas Mann, Der Zauberberg, Fischer, 17. Auflage 2004

„Joachim war größer und breiter als er, ein Bild der Jugendkraft und wie für die Uniform geschaffen. Er war von dem sehr braunen Typus, den seine blonde Heimat nicht selten hervorbringt, und seine ohnehin dunkle Gesichtshaut war durch Verbrennung beinahe bronzefarben geworden. Mit seinen großen schwarzen Augen und dem dunklen Schnurrbärtchen über dem vollen, gut geschnittenen Munde wäre er gera-

dezu schön gewesen, wenn er nicht abstehende Ohren gehabt hätte."

7.9 Die Schilderung

Soll ein **Geschehen aus persönlicher Sicht** dargestellt werden, will man die Stimmungen, Eindrücke, die Atmosphäre wiedergeben, schreibt man eine **Schilderung**[58]. Die Sprache ist subjektiv und persönlich gefärbt. Besonders bewegende oder spannende Momente werden gedehnt und hervorgehoben. **Farbige und ausdrucksstarke Adjektive, treffende Verben, Bilder und Vergleiche sind gefragt.**

Beispiel
Edward Bulwer, Die letzten Tage von Pompeji, Bertelsmann 1958
„Die Augen der Menge folgten der Bewegung des Ägypters und sahen mit <u>lähmendem Schrecken</u>, da(ss) <u>ungeheurer</u> Rauch, in Gestalt eines <u>riesenhaften</u> Fichtenbaumes, vom Gipfel des Vesuvs aufstieg – der Stamm <u>schwarz,</u> die Äste <u>Feuer</u>, dessen Farbe jeden Augenblick wechselte: jetzt <u>furchtbar hell</u>, jetzt vom <u>dumpfen, verlöschenden Rot</u>, das aufs (N)eue in ein <u>unerträglich blendendes</u> Licht überging!"

---

[58] Auch Personen kann man „schildern".

Man hat Wochen, Monate, Jahre geschrieben – das Projekt neigt sich allmählich dem Ende zu. Glaubt man. Wenn da nicht noch die Frage des **Layouts**, des **Covers**, vielleicht eines **Mottos** und des **Klappentextes** wäre. Erneut stellt sich auch noch einmal die Frage Selfpublishing – oder doch Verlagssuche?

Wer sich für Selfpublishing entscheidet – bei BoD, Twentysix, neobooks oder einem der vielen kleineren Dienstleistungsverlage – wird bei Layout und Cover üblicherweise Hilfe finden können. Die großen Selfpublishing-Verlage stellen meist kostenlose **Templates**, in die man hineinschreiben oder -kopieren kann, zur Verfügung. Darüber hinaus gibt es Angebote für den Coverservice, der zum Beispiel bei Twentysix eine kostenlose Variante bereithält. Vor einer Entscheidung sollte man gründlich die Bedingungen recherchieren, das kann eine Menge Geld und Ärger sparen.

Wer sein Layout ganz allein machen muss/möchte, kann auch auf spezielle **Autorensoftware** zurückgreifen. So entstehen professioneller anmutende Texte, allerdings erfordert die Einarbeitung in solche Programme (z.B. Papyrus, Scrivener, Ulysses) Zeit.[59] [60]

Wer eine Veröffentlichung in einem **Publikumsverlag** anstrebt, braucht vor allem Frustrationstoleranz und Geduld. Frank Witzel soll zwölf Jahre auf eine Ver-

---

[59] *Papyrus* Autor nimmt sogar Stilanalysen vor.

[60] Hilfreich ist auch das Buch von Isa Schikorsky, Buchgestaltung mit Word, BoD 2017.

lagszusage für sein mit dem Deutschen Buchpreis ausgezeichnetes Werk gewartet haben.

Verlage – Verlagslisten finden sich im Internet – erwarten bei der **Manuskripteinsendung**

- **das Anschreiben**,
  in dem Sie Ihr Projekt vorstellen, den Arbeitstitel und das Genre nennen, in ein, zwei Sätzen sagen, worum es geht (Pitch genannt)
- ein **Exposé**,
  das den Roman zusammenfasst, üblicherweise auf 1-3 Seiten. Wer ist der Protagonist, welche Probleme hat er, was setzt die Geschichte in Gang, zu welchem Höhepunkt gelangt sie, und wie sieht das Ende aus?
- eine 30 bis 50seitige **Leseprobe**, natürlich in Maschinenschrift
- Ihre **Kontaktdaten**
- die **Autorenvita**[61]

Der **Klappentext**[62] fasst den Inhalt des Buches kurz, prägnant und attraktiv zusammen – denn er soll den Leser zum Kauf des Buches bewegen. Er steht **in Präsens**.

---

[61] Wer das Exposé-Schreiben lernen möchte, sollte den Schreibratgeber von Hans Peter Roentgen, Drei Seiten für ein Exposé, Sieben Verlag 2010 lesen, aus dem die Informationen zur Manuskripteinsendung sinngemäß entnommen wurden.
[62] Schauen Sie bei Ihren Lieblingsbüchern im Klappentext, wie's geht!

9 Checklist – Fragen für die Überarbeitung der Buchdatei

Bevor man seinen Text aus der Hand gibt und damit öffentlich macht, gibt es vieles zu bedenken und noch mehr zu erledigen.

Die im Folgenden aufgelisteten **Fragen an meinen Text**[63] sind nicht ausnahmslos für jeden Text sinnvoll. Je nach Schreibabsicht des Autors ergeben sich eben völlig unterschiedliche Zielsetzungen.

Überlesen Sie also nicht Zutreffendes einfach – und gehen Sie anderen Fragestellungen nach!

---

[63] erheben keinen Anspruch auf Vollständigkeit. Sie sind aber dennoch – und hoffentlich – ein sinnvoller Schritt in Richtung mehr Textqualität.

9.1 Formales

1. War automatische Silbentrennung aktiviert?
2. Steht der Text durchgängig in Blocksatz?
3. Habe ich alle Markierungen, die mein automatisches Rechtschreibprüfprogramm angezeigt hat, überprüft und (gegebenenfalls) berichtigt?
4. Wurde eine sinnvoll strukturierte Formatvorlage oder ein kostenloses/kostenpflichtiges Template benutzt?
5. Sind die Absätze eingerückt?
6. Sind Absätze gleicher Ebene auch gleich weit eingerückt?
7. Habe ich überall den gleichen Schrifttyp und den gleichen Schriftgrad verwendet?
8. Ist meine Schrift für belletristische oder eher Sachtexte empfohlen?
9. Habe ich Überschriften einheitlich gekennzeichnet?
10. Sind die ersten sechs (oder acht) Seiten ohne Seitenzahlen?
11. Beginnt mein Textinhalt auf einer ungeraden Seite?
12. Sind Hervorhebungen einheitlich gestaltet?
13. Habe ich Unterstreichungen zur Hervorhebung benutzt (die für belletristische Texte nicht empfehlenswert sind)?
14. Enden alle Seiten (möglichst) mit einem vollständigen Satz?

15. Stehen Kapitelüberschriften niemals allein – ohne den nachfolgenden Text – auf einer Seite unten?
16. Habe ich fortlaufend geprüft, ob der Text bei Änderungen „gerutscht" ist?
17. Beginnt mein Inhaltsverzeichnis auf Seite 5?
18. Habe ich das automatische Inhaltsverzeichnis immer wieder – bis zum allerletzten Moment – aktualisiert?
19. Ist das automatische Inhaltsverzeichnis am Schluss umgewandelt worden? Man benutzt Tastenkombinationen für die Umwandlung in ein „normales" Word-Dokument oder speichert einfach unter PDF ab.
20. Gibt mein manuelles Inhaltsverzeichnis wirklich den allerletzten Stand meines Textes wider?
21. Habe ich Bindestrich und Gedankenstrich (strg + -) unterschieden?
22. Sind die Anführungszeichen korrekt?
23. Habe ich den Apostroph richtig verwendet?[64]
24. Gibt es überflüssige Leerzeichen(immer nur 1!)?

---

[64] Wenn Sie sich über die **typographischen** Fehlermöglichkeiten bei Apostroph, Anführungszeichen, Binde-und Gedankenstrich informieren wollen, schauen Sie bei type-facts.com von Christoph Koeberlin!

25. Habe ich Indikativ und Konjunktiv, vor allem bei direkter Rede, unterschieden?[65]
26. Ist mir die richtige Verwendung des Genitiv(s) noch geläufig?[66]
27. Benutze ich manchmal unbeabsichtigt Umgangssprache?[67]
28. Habe ich meinen Text mehrmals in Autokorrektur auf Rechtschreibung, Interpunktion und Grammatik überprüft oder habe ich Testleser/einen Korrektor/Lektor eingeschaltet?

9.2 Stilistisches

29. Gibt es **unbeabsichtigte** Zeitwechsel von historischem Präsens zu epischem Präteritum?
30. Gibt es **unbeabsichtigte** Perspektivenwechsel?
31. Gibt es zu viele Nomen statt Verben (Nominalstil statt Verbalstil?)?
32. Wurde die Häufung von Adjektiven vermieden?
33. Wurde dem treffenderen Verb statt der Kombination aus Verb + Adjektiv der Vorzug gegeben?

---

[65] Er sagte, dass er kein Kostverächter **ist** – ist Indikativ und damit falsch. Richtig: Er sagte, dass er kein Kostverächter **sei.** Siehe zum Konjunktiv das Kapitel „Klein, aber ojeh"

[66] Siehe Kapitel „Klein, aber ojeh"

[67] Umschreibung mit „tun" gehört nur ins Englische …. Falsch: „Ich **tu** das oft vergessen." Oder ungewöhnliche Besitzanzeige: „Ich mag **der Anna ihr** Kleid."

34. Gibt es in einzelnen Sätzen oder kurz hintereinander stehenden Sinnabschnitten Wortwiederholungen?
35. Ist zur Vermeidung dieser Wiederholungen das Synonymlexikon (oder das Internet) zum Einsatz gekommen?
36. Sind die Äußerungen der Charaktere authentisch, von ihrem Wesen her nachvollziehbar?
37. Wiederhole ich Gleiches häufiger in anderen Worten (Redundanz) oder schreibe ich eher knapp und präzise?
38. Wie lang sind meine Sätze? Häufen sich lange Schachtelsätze?
39. Ist die Satzlänge dem Erzählten angemessen (spannend – kurz; Beschreibungen, Berichte – lang)?
40. Wechseln sich spannende mit entspannenden Erzählteilen ab?
41. Benutze ich abgegriffene Ausdrücke (Clichés)?
42. Gehe ich bewusst mit Archaismen(veralteten Ausdrücken), Neologismen und Lehnwörtern um?
43. Neige ich zu „Lieblingsbabies" (Motive, Redewendungen, Wörter), die ich dann häufig verwende?[68]
44. Lasse ich den Leser durch Andeutung und Mehrdeutigkeit des Inhalts und daraus resultierende Leerstellen auch mitarbeiten?

---

[68] und damit meinem Leser auf die Nerven falle: Zwei Mal ist ohne Schaden, beim dritten Mal geht man baden ...

45. Haben Sie – wenn Sie im Abstand von mehreren Wochen nach Fertigstellung!![69] Ihren Text noch einmal überprüfen – nicht zu viel über sich oder über andere Personen verraten? Wollten Sie ein Bekennerbuch oder einen verschlüsselten Text schreiben?

46. Haben Sie Persönlichkeitsrechte beachtet? Verwandte, Freunde, Bekannte, die man in Ihrem Werk (über)deutlich erkennt, könnten Sie möglicherweise verklagen ...

47. Haben Sie – verzeihen Sie bitte die Frage – Textteile von anderen abgekupfert?[70] Vor nicht allzu langer Zeit gab es einen Skandal um ein berühmt gewordenes Buch ... Und dank des Internets findet der Interessierte das in Sekundenschnelle heraus!

48. Hat Ihr Text eine Aussage, eine (wichtige) Botschaft für den Leser?

49. Kann man die Aussage Ihres Textes in ein, zwei Sätzen zusammenfassen?

50. Haben Sie mit Ihrem Text diese Aussage dem Leser vermittelt?

51. Stimmt Ihr (Arbeits-)Titel nach Beendigung des Schreibens noch?

---

[69] Um den Abstand zum eigenen Geschriebenen zu erlangen, ist eine solche Wartefrist dringend zu empfehlen!

[70] Auf die sogenannten „Lesefrüchte", die man aus der Beschäftigung mit literarischen Werken zieht, bezieht sich die vorstehende Frage natürlich nicht.

52. Sind Ihnen interessante Figuren gelungen?
53. Gibt es Ungereimtheiten in den Beziehungen der Figuren untereinander?
54. Sind die Charaktere glaubwürdig?
55. Sitzen die Dialoge – sind nicht zu langatmig, langweilig, aufgesetzt, nicht sprachauthentisch oder gar unlogisch?
56. Ist Ihnen der Einbau solcher Dialoge in die Halbszene geglückt?
57. Gibt es auch entspannende Textteile wie Beschreibungen oder Berichte für den Leser?
58. Ist Ihr Text zu Dialog- oder zu Berichts-lastig?
59. Kann man Ihren Protagonisten lieben, schätzen, respektieren, bedauern, bemitleiden – fordert er Gefühle heraus?
60. Sind die Requisiten Ihres Textes der Zeit, in der der Text spielt, angemessen?
61. Könnte es so gewesen sein?
62. Gibt es poetische Gerechtigkeit in Ihrem Text? Der Gute wird belohnt, der Böse bestraft?
63. Haben Sie mit allen Sinnen geschrieben?
64. Ist Ihr Text zu bildungslastig? Deuten Sie Bildungsinhalte demgemäß **zu oft** an?
65. Wollten Sie sich mit zu durchsichtig-mainstreamigen Äußerungen beim Leser Liebkind machen?[71]
66. Ist Ihre Wortwahl vielleicht zu angepasst an die Zielgruppe, die Sie im Auge haben? Ein

---

[71] so dass der Leser die Absicht erkennt und verstimmt ist ...?

Autoren-Senior verwendet ständig Jugendsprache und gebärdet sich als Berufs-
Jugendlicher ...

67. Gibt's auch etwas zu lachen?
68. Bilder?
69. Doppeldeutigkeiten?
70. Wortspiele?

...

Lösungen
Ad 6.9

1 Auf dem Traumboot der Liebe von Rob Kenius
„Ich bin hier, weil ich verliebt bin. Ich will die ganze **Welt** *nicht mehr missen. Ich will sie* **umschlingen** *und überall* **küssen,** *ihre* **Lippen, die Augen, den Mund.** *Ich will ihre* **Hüften** *umfassen und nie mehr los lassen. ... Ich will ihre* **Brüste** *berühren. Wir gehen zusammen* ***ins Bett.*** *...*

- Der Autor beschreibt die Welt in einem Bild. Das Bild sitzt nicht.

2 die grundlose ....,Judith Zdesar
*„****Ja, sagt*** *Friedrich zu mir.* ***Ja, ja, sagt*** *Friedrich zu mir und wartet. Und? Was ist Friedrich(?),* ***frage*** *ich und er* ***sagt ja.*** *... "*

- Die Autorin benutzt ständig Berichtsverben
- die Sprecher können nicht auseinandergehalten werden
- der Dialog ist unsinnig und unlogisch
- es fehlen Satzzeichen, die den Dialog durchschaubarer gemacht hätten.
- Vielleicht ist das aber auch schon Kunst, aber eine, die den Leser etwas überfordert ...

3 Ich, mein Auto, der Mann von H.C. Roth
*„****Mein Auto*** *stand* ***an der Straße,*** *irgendwo* ***an der Straße*** *stand* ***mein Auto.*** *Ich weiß nicht mehr genau, warum* ***mein Auto an der Straße*** *stand, irgendwo* ***an der Straße.*** *...*

Der Text hat keine Aussage, der Autor verändert nur die Satzstellung rund um Subjekt und Ortsangabe.

Ad 7.5

„Als das Kind geboren werden sollte, war Krieg.

Die Wehen hatten schon eingesetzt, als der Fliegeralarm ertönte.

Marie war allein.

Sie packte eine Tasche, die Decke für das Kind, ein paar Windeln, eine Schere, die Flasche Schnaps, die noch im Wohnzimmerschrank stand.

Im Treppenhaus traf sie die Nachbarin.

Frau Roth schaute sie kurz an, schüttelte den Kopf und eilte wortlos davon.

Marie musste im Hinabsteigen inne halten. Die nächste Wehe war zu stark.

Ob sie es bis zum Luftschutzbunker schaffen würde?

In der Ferne hörte sie schon das monotone Gebrumm.

Es würde nicht mehr lange dauern, dann würden die Bomben auf Hamburg fallen und die Stadt in ein brennendes Inferno verwandeln."

Verwendete Literatur

Abiwissen Deutsch, Lyrik und Gedichtinterpretation, Duden 2010

Gesing, Fritz, Kreativ schreiben. Handwerk und Technik des Erzählens, Dumont 2004

Metzler Lexikon Literatur, 3. Aufl. 2007

Moennighoff, Burkhard, Stilistik. Reclam 2009

Roentgen, Hans Peter, Drei Seiten für ein Exposé, Sieben Verlag 2010

Schneider, Wolf, Deutsch für Profis, Goldmann, 18. Auflage 2001

Sick, Bastian, Der Dativ ist dem Genitiv sein Tod, Folge 4-6, Kiepenheuer und Witsch, 1. Auflage 2016

Vorhaus, John, Handwerk Humor, Zweitausendeins,3. Auflage 2010

Von Wilpert, Gero, Sachwörterbuch der Literatur, Kröner 2013

Wort-Werk, best of worst – Die Nacht der schlechten Texte, Edition Meerauge 2010

Literaturempfehlungen

Egri, Lajos, Literarisches Schreiben, Autorenhaus Verlag 2010

Frey,James N., Wie man einen verdammt guten Roman schreibt, Emons 2010

Gesing F., Kreativ schreiben für Fortgeschrittene, Dumont 2006

Moldenhauer, F. / Bitter, J., Literatur veranstalten – Lesung, Vortrag, Event, Meidenbauer 2005

Plinke, M., Mini-Verlag, 7. überarbeitete und ergänzte Aufl., Autorenhaus 2009

Schikorsky, I., Buchgestaltung mit Word, BoD 2017

Schneider, W., Deutsch für Kenner, Piper 2005

Glossar

Ästhetik
Wissenschaft von den Grundlagen des Schönen in der Kunst. Schöne Literatur spricht das Gefühl an, ermöglicht ein Mitschwingen, ist bedeutsam, anschaulich und veredelt. Werke der schönen Literatur haben eine innere Gesetzlichkeit, sind lebendig, abwechslungsreich und harmonisch gegliedert.

Ambiguität
Doppeldeutigkeit; wesentliches Merkmal von Poesie

Antagonist Gegenspieler

Aufbau
eines Wortkunstwerks zu einem geschlossenen Ganzen mit einer Abfolge und Gliederung von Geschehnissen

Autobiographie
literarische Darstellung des eigenen Lebens

Charakterisierung
erfolgt *direkt* durch Aussage des Erzählers oder anderer Figuren
indirekt durch Schlüsse, die der Leser aus dem Verhalten der Figur zieht

chronikalische Erzählung gibt sich als Herausgabe einer alten Chronik aus (= Rahmen) und lässt dann den fingierten Chronisten selbst berichten

dramatisch, im weiteren Sinne spannend, konflikt- und handlungsreich, gegensätzlich

Epik erzählende Dichtung

Epilog Nachrede

Fadentechnik Ablauf nach dem zeitlichen Verlauf der Handlung

Fiktion erfundene Schilderung von Sachverhalten, die sie als wirklich suggeriert

Genre *hier* innerhalb der Epik die unterschiedlichen Gattungsausprägungen wie Erzählung oder Roman mit ihren weiteren Untergliederungen

Handlung, äußere und innere, auch Plot; Ablauf von Geschehnissen, Begebenheiten sowie seelisch-geistiger Entwicklung

Kurzgeschichte *short story,* aus dem Englischen; knappe Darstellung, einperspektivisch, einepisodisch, fragmentarisch, meist nur ein Schauplatz, vorwiegend personale Erzählsituation, pointierter Schluss

Nominalstil häufige Verwendung von substantivischen Konstruktionen und Zusammensetzungen; Gegensatz Verbalstil

Perspektive Standort, von dem aus ein Geschehen dargestellt wird

Prolog Vorrede, Vorwort, Einleitung; in Erzähltexten oft die Hinwendung des Autors an den Leser

Protagonist Hauptfigur

Rahmenerzählung eine Erzählform, die in einem Rahmen eine fiktive Erzählsituation vorstellt, die zum Anlass einer oder mehrerer Binnenerzählungen wird.

Roman epische Großform mit vielen Varianten

Stoff Konstellation aus Figuren, Ereignissen, Handlungen und Konflikten, die die Grundlage für eine *literarische* Handlung bildet.

Technik, literarische Schreibhandwerk

Man nehme ...

einen Helden
Einen Gegner
weitere Gesellen.
Konflikt, Gefahr,
Hindernis und
Keine Lösung.

Station auf Station
Die Spannung wächst.
Der Weg
Ist interessant
Und schön,
bewegt.

Wälder, Wiesen,
Wohnquartiere
Tage, Wochen,
Jahre
Frühjahr, Winter,
Sommer, Herbst.

Höhepunkt, jetzt Leserzittern
Explosion und Supergau
Lösung endlich
Alles Ende
Letzte Zeile
Ach vorbei.

Viel
Spaß
Beim
Schreiben
Wünscht
Ihre

Autorin

Luise Link hat bisher fünf Bücher veröffentlicht, drei Erzählbände, eine Satire und einen Roman. Sie war an drei lokalen Autorenprojekten beteiligt, arbeitet seit zwei Jahrzehnten in Schreibgruppen.

Seit ihrem Sprachstudium fasziniert sie Fiktionales. Als Tutorin hatte sie Gelegenheit, sich intensiv mit Erzählsprache auseinanderzusetzen – und seitdem hat die Begeisterung dafür sie nicht mehr losgelassen.